PETITE ÉTUDE POPULAIRE

SUR

LA RÉFORME JUDICIAIRE

PAR

16

MAURICE AJAM

AVOCAT

« Je suis de ceux qui ne sauraient oublier que *tout pouvoir* réside dans le peuple et qu'il doit en émaner directement dans sa triple manifestation de pouvoir législatif, pouvoir exécutif et POUVOIR JUDICIAIRE. »
(*Extrait du rapport de M. Pailly, député.*)

PARIS

CHEVALIER-MARESCQ et Cie, ÉDITEURS

20, RUE SOUFFLOT, 20

1888

PRÉFACE

Il n'existe pas, que je sache, de· brochure contenant, sous une forme populaire, l'exposé de la réforme judiciaire, telle qu'elle est projetée par un grand nombre de républicains.

Tous les travaux qui touchent cette gigantesque réorganisation de notre justice, sont dispersés dans une foule d'ouvrages, gros et petits, dans les revues et dans les rapports au Corps législatif.

Je n'ai donc pas la prétention de présenter au public une œuvre originale. J'ai voulu simplement résumer dans un langage que j'ai tâché de mettre à la portée de tout le monde, la plus importante et la plus nécessaire des réformes du Programme Radical.

Cette petite Étude ne constitue pas un travail technique, c'est une ŒUVRE DE PROPAGANDE. Je *me suis inspiré des savants travaux du regretté M. Pally, de MM.* de Montluc, Vergoin, Jeanvrot, Colfavru, Remoiville, Accollas, *et de tant d'autres que je ne puis citer ici.*

Qu'il me soit permis cependant de rendre hommage à l'un de ceux qui m'ont été le plus utiles pour l'accomplissement de mon travail. Je serais d'une ingratitude notoire, si je n'accusais les nombreuses indications que j'ai puisées dans le précieux recueil de mon sympathique ami H. Denéchère, rédacteur en chef de la Basoche (1), *de cette courageuse petite revue qui, répandue dans un milieu spécial, a rendu à notre cause les services les plus utiles et les plus efficaces.*

M. A.

---

(1) La *Basoche*, fondée par M. Denéchère père, en 1882, et publiée au *Mans* est une revue mensuelle. Elle a traité à fond presque toutes les questions judiciaires, en leur donnant les solutions les plus libérales.

CHAPITRE PREMIER

Le mal judiciaire. — *Le chef-d'œuvre de Napoléon!* — *Justice coûteuse.* — *Un plaideur en chemise.* — *Un procès de soixante ans.* — *Justice frelatée.* — *L'influence de M. le député.* — *L'indépendance du juge est un vain mot.*

I

Il faut bien reconnaître que la façon dont la justice est administrée en France ne rencontre plus guère d'admirateurs. On trouve bien de temps en temps un vieux bonapartiste endurci (il y en a encore!) qui vient vous dire : « Oh! ce Code civil, quel chef d'œuvre! Quelle admirable création du premier Empire! Quel bel ensemble de législation nous a légué notre grand Napoléon! » Ces fadaises ne sont plus à la mode : le citoyen français souffre trop de notre mauvaise organisation judiciaire *depuis quatre-vingts ans,* pour se laisser prendre à des déclamations complètement injustifiées.

S'il y a du bon dans l'*ensemble de nos Codes,* il ne faut pas en savoir gré à Napoléon Ier —

qui d'abord n'a pris personnellement qu'une part infime à leur confection — et qui ensuite n'y a touché que pour y apposer sa griffe despotique, que pour tâcher de détruire les germes libertaires introduits dans nos lois par nos pères de 89.

C'est, en effet, jusqu'en 1789 qu'il faut remonter pour trouver des législateurs ayant émis des vues saines et vraiment libérales sur la *Révolution judiciaire*; c'est dans les travaux de l'*Assemblée nationale*, de la *Constituante* et de la *Convention* qu'il nous faut chercher les principes d'une justice peu coûteuse, prompte et impartiale !

II

J'ai dit : 1º PEU COUTEUSE — parce qu'en effet le grand vice de notre organisation judiciaire, c'est l'énormité des frais qu'entraine le moindre procès.

Au-dessus de la porte d'entrée de certain tribunal d'une grande ville du Midi (je crois que c'est le tribunal de Toulouse), un artiste ingénieux a sculpté deux statues : l'une représente un homme tout nu, et l'autre, un homme en chemise. Le premier de ces personnages symbolise le plaideur qui a perdu son procès et que les gens de justice ont dépouillé de tout ce qu'il possédait. Le second, c'est le plaideur gagnant, dont la situation n'est guère meilleure que celle de son adversaire.

Cette plaisanterie un peu vieillotte n'est pourtant, hélas! que l'exacte représentation de la vérité.

Les frais de justice sont extravagants et le vieux proverbe : « *Mauvais arrangement vaut mieux que bon procès* » peut certainement être érigé en axiome.

On pourrait citer tel procès qui, roulant sur une créance de *vingt-cinq francs*, a coûté au gagnant *trois cent vingt francs* et au perdant *douze cent cinquante-six francs!* (*Cour d'appel d'Angers.*)

Que de fois j'ai entendu raconter l'histoire de ces deux frères qui habitaient *La Chartre-sur-Loir* et qui, pour un droit de passage estimé *cent francs*, se sont ruinés complètement l'un et l'autre !

A quoi bon, du reste, multiplier les détails ?

Ce côté de notre *mal judiciaire* est l'objet de réclamations incessantes, et il n'est pas un ouvrier, pas un paysan, pas un justiciable qui n'ait souffert de la cherté abominable de la justice !

Donc, dans notre réforme, un des premiers points à obtenir, une des premières conditions à poser, sera la *réduction des frais.*

Est-ce à dire que nous pourrons arriver à une justice complètement gratuite?

Ce serait peut-être aller un peu trop loin (1).

III

Une des principales causes de l'énormité des frais judiciaires est peut-être la longueur interminable des procès.

Je pourrais encore ici accumuler des exemples qui sont, pour ainsi dire, devenus classiques, sortir quelques anecdotes de l'arsenal des vieilles railleries que ce sujet a fait naître...

Il me suffira de dire que la plus grande partie des procès à Paris et en province dure au moins *deux ans.*

Quant aux affaires que je veux bien qualifier d'*exceptionnelles* et qui durent plus longtemps encore, elles sont *innombrables.*

Le procès qui dure *cinq ans et plus*, n'est nullement rare !

On cite parfois l'exemple de cette dame **X...**,

---

(1) Nous ferons voir dans la *Conclusion* de cet ouvrage la difficulté qui s'oppose à la suppression complète du papier timbré.

de Pontorson (Manche), laquelle à propos de terrains délaissés par la mer dut plaider plus de *soixante années* contre l'Etat. La malheureuse est morte à la peine, — après avoir terminé son procès par une TRANSACTION heureuse (3 ou 4 millions).

Tout le monde se souvient encore de cette terrible explosion de la rue *François Miron* qui fit, à Paris, une trentaine de victimes. Les survivants de la catastrophe ont introduit en 1882 une demande en dommages-intérêts contre la *Compagnie du Gaz*. Cette dernière a mis à profit, paraît-il, les écus qu'elle a dans son sac : *car au mois de mai 1887,* non seulement cette *affaire n'était pas terminée,* mais encore le tribunal de la Seine ne faisait, *à cette époque,* que de nommer des experts DANS LE BUT D'EXAMINER LES CIRCONSTANCES DE L'ACCIDENT !

Supposez une veuve chargée de famille et poursuivant un riche adversaire pour arriver à faire réparer le dommage que lui a causé la mort de son mari : la mère et les enfants ont le temps de mourir de faim dix fois avant d'avoir obtenu une solution.

Est-il possible d'énumérer les raisons de ces atermoiements interminables? Oui. C'est, à Paris surtout, l'encombrement des affaires !

C'est, devant tous les tribunaux, la mauvaise

volonté des avoués qui, après avoir reçu leurs
honoraires *d'avance*, ne s'occupent plus sérieusement de leur client!

C'est la multiplicité des actes de procédure!

C'est l'amas des paperasses inutiles!

Nous verrons qu'il n'est pas impossible de
remédier à tous ces inconvénients.

IV

Les longueurs et les frais de notre justice
sont-ils une garantie de son impartialité?

Si nous payons cher, peut-on nous dire que
nous en avons pour notre argent et que l'on nous
donne de bonne marchandise?

Nos juges sont-ils indépendants, impartiaux
et probes?

J'entends déjà une foule furieuse de plaideurs
déconfits me crier : « Mais ces questions-là n'ont
même pas besoin d'être posées, mais vous savez
bien que la plupart du temps votre justice est
frelatée, que l'on ne compte plus lès cas dans
lesquels votre magistrature *a rendu des services,
au lieu de rendre des arrêts!* »

Il faut bien avouer que ces gens-là n'ont pas
toujours tort. Si notre magistrature, telle qu'elle
est actuellement recrutée, contient plus d'une
personnalité remarquable, si elle renferme dans

son sein des gens intelligents et justes qui hono-
rent leur profession par leurs sentiments d'indépendance et la rectitude de leur esprit, je suis
forcé de reconnaître que *la plupart des juges
sont avant tout et* NÉCESSAIREMENT *les dévoués
serviteurs du pouvoir.*

Le juge nommé par le pouvoir exécutif ne
peut être que l'esclave du pouvoir exécutif. L'indépendance d'un magistrat dans de pareilles
conditions n'est qu'un vain mot.

Vous aurez beau chercher des remèdes, créer
des palliatifs : l'*inamovibilité* même du juge actuel
n'est qu'une grossière plaisanterie.

Tout le talent, toute l'éloquence d'un *Waldeck-
Rousseau* ne pourrait prévaloir contre l'inéluc-
table évidence, contre l'inflexible vérité.

Prenez un magistrat quelconque et dites-lui :
« Nous te donnons à juger un procès entre
M. X... et M. Z... — M. X... est le frère, le cousin
ou l'ami de M. le député *Un tel* — qui a été
ministre et qui est susceptible de le devenir
encore. — M. Z... est un pauvre diable, sans
fortune et sans influence. Si tu lui donnes gain
de cause, c'en est fait de ton avancement, tu
resteras encore de longues années enterré dans
ce trou de province. Réfléchis bien : *un tout
petit passe-droit, un tout petit coup de pouce à la
balance et tu as devant toi les honneurs et les*

belles présidences! Mais, si tu manques de complaisance, à toi la disgrâce et l'oubli ! »

Que voulez-vous, en bonne conscience, que puisse faire ce malheureux magistrat, surtout s'il est pauvre et chargé de famille? — Obéir, — enregistrer les volontés puissantes : voilà tout.

Un juge de paix à 3.000 francs désire passer juge de paix à 5.000. Le juge suppléant veut être substitut. Le juge de première instance veut être conseiller à la Cour d'appel — et ce dernier rêve la Cour de cassation.

De qui dépend la réalisation des vœux de tous ces gens-là?

Du gouvernement, n'est-ce pas? C'est-à-dire des députés, des sénateurs, des ministres! — Eh bien! alors?

La seule solution possible est la suivante :

Tout pouvoir résidant dans le peuple, il faut que le pouvoir judiciaire émane du peuple.

Tous les juges doivent être élus *par le suffrage universel.*

———

CHAPITRE II

Le mal judiciaire. — *Simplifions.* — *Tabou.* —
La paperasserie. — *Nous plaidons pour les
frais!* — *La fô... orme!* — *Conciliation.* —
— Les courtiers marrons. — *Violation de la
liberté naturelle.* — *Parasites judiciaires.* —
— Paye d'abord. — *J'avais mon pompon!* —
Un impôt de 240 millions.

I

Tous les individus de bon sens et de bonne foi
— qui ont étudié la question judiciaire — ont
tout de suite posé ce principe : « *Il faut simpli-
fier.* »

La langue française est une langue que les
savants du monde entier ont reconnue comme la
plus lucide, la plus claire, la plus simple de
toutes.

On peut même dire que le génie français, que
la *caractéristique* de notre nation est avant tout
cette netteté, cette concision, ce langage élégant
et nerveux dont Voltaire nous offre un admirable exemple.

Comment donc peut-il se faire, qu'ayant sous
la main un instrument aussi merveilleux, nous
ayons conservé pour *style judiciaire* un assem-
blage baroque de mots barbares, inintelligibles
toujours pour les profanes et parfois pour les
hommes du métier?

Comment peut-il se faire que tout notre système
judiciaire ne soit qu'une négation de cette clarté,
de cette concision, de cette simplicité qui forme
le fond du caractère français?

Je vais dire franchement ma pensée :

J'ai la conviction la plus ferme que les hommes
de loi ont conservé cet épouvantable galimatias
dans l'intention bien arrêtée de se rendre perpétuellement nécessaires.

Les sauvages des îles océaniennes ont pris
l'habitude d'interdire à leurs congénères l'entrée
de certains édifices, de certains lieux qui sont
réputés sacrés. L'endroit mis ainsi en interdiction
est déclaré « *tabou* » inviolable; nul ne peut y
mettre le pied, sous peine de mort.

Eh bien! les avocats, les avoués, les greffiers,
les huissiers, les agents d'affaires ont *taboué*
notre procédure judiciaire. Ils considèrent les
plaideurs comme des *hérétiques* à qui les arcanes
du droit doivent être impitoyablement fermés.

Une tradition immémoriale s'est ainsi créée et
développée, et cela dans un seul but, facile à

saisir : LE BUT DE RENDRE L'INTERMÉDIAIRE, EN JUSTICE, COMPLÈTEMENT INDISPENSABLE.

« Il ne faut pas, entends-tu bien, citoyen français, que tu puisses te présenter toi-même devant la justice de ton pays. Si cette habitude s'introduisait dans les mœurs, que deviendraient tous ces parasites qui vivent de la justice, sangsues impitoyables de la bourse du plaideur? »

II

Si la Révolution de 1789 n'avait pas été écrasée sous la botte de l'homme de Brumaire, il est permis de croire qu'elle n'aurait pas laissé subsister un pareil état de choses. Elle aurait continué son œuvre de lumière et nous aurait laissé autre chose que trente-six mille lois confuses, autre chose qu'une législation calquée sur la loi romaine, c'est-à-dire façonnée d'après la loi d'un peuple dont les mœurs et la civilisation n'avaient rien de commun avec les nôtres.

Elle aurait débrouillé ce fatras, éclairci cette obscurité.

Au lieu de cela, qu'avons-nous maintenant? Que représente un procès pour le justiciable? — *Un amas de paperasses!*

« Un procès? Mais ce n'est pas une discussion que j'ai avec M. X... sur telle question de pro-

priété... Dans mon esprit à moi, plaideur, c'est
un dossier énorme de papiers sales, de grimoires
noircis qui repose dans l'étude de mon avoué.

Mon droit de passage, *ma créance*, mais je
m'en moque comme de *Colin-Tampon*; ce qui
présente un intérêt pour moi, c'est de savoir qui
paiera le prix de toutes ces écritures, de tout ce
travail nécessité par l'exercice de mon droit en
justice, le salaire de tous ces gens que mon
procès a mis en mouvement! »

Combien de fois n'avons-nous pas entendu
cette parole navrante : « NOUS PLAIDONS POUR LES
FRAIS! » Qu'est-ce donc que cette justice byzan-
tine, paperassière, touffue, dans laquelle on perd
de vue l'intérêt engagé, pour ne plus s'occuper
que des formalités *extrinsèques*?

Mais c'est la vieille législation barbare, c'est
l'attirail usé du droit canonique, c'est la procédure tracassière et finassière du moyen âge!

Et cela, cent ans après que le *Bridoison* de
Beaumarchais a ridiculisé et démoli toutes ces
bêtises!

« La fòòòrme! Messieurs... la fò...òòrme! »

III

Tout procès commence par la tentative de
conciliation. Chacun sait ça.

Les deux bonshommes qui se chicanent s'en vont l'un et l'autre chez M. le juge de paix, avec l'intention bien arrêtée de ne pas céder un pouce de leurs revendications. Le juge de paix que cette formalité embête considérablement les envoie faire lanlaire, après une cérémonie entre-coupée d'injures et de récriminations. Ça ne rate jamais! Total : dix-huit sous de frais, deux journées de perdues.

Résultat : Absorption d'un certain nombre de chopines ingurgitées de part et d'autre chez le marchand de vin, et entêtement plus obstiné que jamais à poursuivre la *contestation née*.

Voilà une formalité stupide — que l'on supprime, du reste, le plus que l'on peut dans la pratique (à Paris, il n'en est presque jamais question) — mais qui, dans les campagnes, est aussi onéreuse qu'elle est inutile.

Nous espérons que sa suppression n'entrainera même pas une objection de la part de nos routiniers judiciaires les plus résolus (1).

_____

(1) Certains législateurs voudraient aujourd'hui confier aux *Maires* le droit de concilier. Soit. Mais je ne crois pas cette réforme bien pratique : la plupart des maires de campagne ne sont pas à la hauteur d'une besogne aussi délicate, et, dans les grandes villes, il faudrait nommer 8 ou 10 adjoints pour subvenir à toutes les affaires.

— La conciliation n'a pas abouti. Il faut que le réclamant assigne son adversaire devant le tribunal.

Dès lors, intervention d'un *avoué*, qui sera le mandataire du plaideur; — d'un *huissier*, qui signifiera *les actes* — et d'un *avocat*, qui exposera l'affaire devant le tribunal au jour de l'audience.

Je ne parle pas, bien entendu, de l'*agent d'affaires*, qui (surtout dans les grandes villes) aura confectionné le dossier de première main.

Cette abondance d'intermédiaires est — cela saute aux yeux — une des principales raisons de la cherté et de la longueur de notre justice.

Un propriétaire voit une contestation naître entre lui et un de ses voisins. Que fait-il? Croyez-vous qu'il va aller tout bêtement consulter un avoué ou un avocat sérieux dont le conseil raisonné pourra peut-être trancher l'incident dès le début?

Ah! bien, oui! Le plaideur a une peur terrible de l'homme de loi privilégié. A-t-il toujours tort? N'est-ce pas là une crainte salutaire? Heu! heu!

Toujours est-il que son premier soin, en présence d'un procès naissant, est d'aller se jeter dans les bras du courtier marron, de l'agent de contentieux, de l'*avocat consultant*, de son *pire ennemi!*

L'avocat et l'avoué — gens bien posés, c'est convenu — auront peut-être encore dans le coin de leur conscience un tout petit, très petit scrupule qui les engagera à ne pas accepter une mauvaise cause.

L'agent d'affaires, *à qui il faut du nombre*, acceptera tout les yeux fermés. Il engagera le client à plaider coûte que coûte, quelles que puissent être les conséquences de l'affaire, et tout ira s'envenimant, prenant des proportions jusqu'au moment fatal où « *on plaidera pour les frais !* »

IV

Notez bien encore, que dans certaines circonstances, le plaideur n'est pas libre de choisir l'intermédiaire, le défenseur qu'il lui plaît. Voyez ce qui se passe au tribunal de X..., chef-lieu d'arrondissement. Il y a trois avoués, *Pierre, Paul* et *Jean*. Aucun d'eux n'a ma confiance : tant pis pour moi. Mon choix est limité à ces trois hommes de loi. Ces trois Messieurs jouissent d'un privilège et d'un monopole absolus.

J'insisterai plus tard sur cette violation de la liberté naturelle que chacun doit avoir de se faire représenter en justice par qui il veut.

L'absurdité de nos coutumes judiciaires va plus

loin encore : elle force le plaideur à changer d'intermédiaire à mesure qu'il change de juridiction.

Il est clair que si j'ai chargé M. *Pierre* de suivre mon procès devant le tribunal de première instance, j'ai un avantage considérable à conserver ce représentant devant la Cour d'appel.

M. *Pierre* a introduit mon procès, il connaît mes intérêts à fond, il a étudié mon dossier dans ses plus infimes paperasses : donc cet homme est tout indiqué pour mener mon instance jusqu'au bout.

— « Eh bien ! non, dit la loi à mon intermédiaire, *tu n'iras pas plus loin !* » Et je suis forcé de remettre mon dossier à un nouvel homme de loi qui n'y entend goutte, qui doit recommencer à l'étudier de fond en comble, qui n'aura peut-être ni le même savoir, ni la même compétence que mon premier chargé d'affaires. D'où nouveaux frais, perte de temps, inconvénients de toutes sortes !

Si j'ai la prétention de faire casser l'arrêt de la Cour d'appel, il me faudra encore une fois changer d'intermédiaire ; il faudra que je m'adresse à un avocat à la Cour de cassation. N'est-ce pas ridicule ?

Non seulement je n'ai pas le droit de défendre mon affaire moi-même, mais encore il faut que j'en charge un individu qui peut ne pas posséder ma confiance, — et à mesure que je changerai de tribunal, il me faudra changer de représentant — tout cela parce qu'il faut ménager certains privilèges et certains monopoles !

Quand donc nos législateurs se souviendront-ils que nous sommes sous un régime de démocratie et de liberté ?

V

Est-il besoin d'ajouter que tous ces parasites judiciaires se font bel et bien payer d'avance ?

Le plaideur doit consigner préalablement à toute procédure entre les mains de son avoué les droits de timbre, d'enregistrement et les *honoraires*.

Lorsqu'un homme demande justice, on lui répond tout d'abord : « *Paye* », et l'on dit que la justice est gratuite (1).

---

(1) L'*Assistance judiciaire* est, pour tous ceux qui l'ont vue fonctionner de près, une abominable plaisanterie. .

Elle est d'abord très difficile à obtenir : il faut un certificat du maire constatant que l'impétrant est indigent, — et un certificat du percepteur constatant qu'il n'est pas inscrit au rôle des contributions. — Combien de gens possèdent un petit lopin de terre, paient patente, et n'ont

Il faut bien en effet solder tous ces manuscrits inutiles que les hommes de loi prodiguent avec un véritable luxe, ces conclusions grossoyées, ces répliques, dupliques, tripliques, requêtes, avenirs, qualités, ajournements, constitutions, actes simples, judiciaires, extrajudiciaires !

Il m'est arrivé de trouver dans un dossier des conclusions grossoyées dans lesquelles un clerc facétieux avait intercalé la chanson « *J'avais mon pompon, en r'venant de Suresnes.* »

Que voulez-vous ? Il fallait bien tirer à la ligne ! Et le client, le taillable, pigeon à plumer vif, chair exploitable à merci, payait ça deux francs le rôle !

Un statisticien a fait le calcul suivant (1) :

Il y a à Paris *deux cent dix charges d'avoués* (en y comprenant les avoués à la Cour d'appel)

---

néanmoins pas le moyen de soutenir un long procès ! Aussi, nous savons ce qui se passe : Le travailleur qui croit avoir des droits sérieux à revendiquer, traite avec une agence d'affaires moyennant 50 pour 100. Si l'affaire est bonne, il perd la moitié de sa créance ; si elle est douteuse, les *courtiers marrons* trouvent encore le moyen de soutirer au plaideur ce qui lui reste d'économies amassées souvent sou par sou.

(1). *Villiaumé.* — *Nouveau traité d'économie politique.* — 2 vol., chez Lacroix, éd. à Paris.

représentant un capital de *cinquante et un millions*.

Dans le reste de la France, il existe environ *trois mille deux cents charges d'avoués*, représentant un capital de 224.770.000 francs.

Les avoués enlèvent donc au public, au contribuable, une somme annuelle d'environ *trente trois millions*, représentant le revenu de leurs charges.

La somme annuelle ainsi prélevée par les huissiers est de 39 millions de francs ;

Par les greffiers, de 11 millions ;

Par les agréés, de deux millions ;

Par les commissaires-priseurs, de trois millions ;

Et par les avocats, *très approximativement*, de 43 millions.

Sans compter les *agents d'affaires* qui pullulent partout, on peut donc estimer que les gens de justice prélèvent chaque année sur le contribuable un impôt de près de CENT CINQUANTE MILLIONS.

D'après un autre calcul, cette somme serait très inférieure à la vérité, et il faudrait faire monter le chiffre total à 240 millions !

Etonnez-vous après cela que la justice soit boiteuse et coûteuse !

CHAPITRE III

Les Juges. — *Enjuponnement*. — *Les juges-croquemitaines.* — *Il nous faut des magistrats élus.* — *Coteries électorales.* — *Le juge, domestique du pouvoir.* — *Un argument sans valeur.*

I

Tout le monde se souvient de l'étonnante boutade que le malicieux Douville-Maillefeu lança un jour à l'évêque Freppel, après un incident orageux : « *D'abord, moi, s'écria le fougueux député de Paris, je ne discute pas avec un homme habillé en femme !* »

On aurait pu faire observer à M. de Douville-Maillefeu, que les ecclésiastiques n'avaient pas seuls conservé le ridicule usage de s'enjuponner — et que tous les magistrats républicains ou réactionnaires, partisans ou non des anciens usages, étaient obligés de revêtir un costume grotesque, sous prétexte de rendre plus dignement la justice.

La loi veut que nos juges aient un petit air

ancien régime : on ne leur épargne que la perruque (1).

Je me suis toujours demandé pourquoi on laissait affubler ainsi nos graves magistrats, pourquoi surtout certains d'entre eux se prêtaient à cette mascarade avec une puérile satisfaction !

Prétend-on en imposer aux justiciables en leur présentant la justice sous la forme d'une *vieille femme derrière un comptoir* ?

Les avocats sont-ils plus éloquents parce qu'ils sont déguisés en bedeaux de cathédrales ?

Je demande humblement pardon à mes lecteurs de m'être laissé un peu « *emballer* » sur cette question de costume qui ne touche que d'assez loin à la réforme judiciaire.

J'avais cette critique sur le cœur et je tenais à m'en soulager au début de mon chapitre sur « *les Juges* ».

Me voilà arrivé au point délicat de mon sujet, point que j'ai du reste effleuré déjà, — et sur lequel il me faut revenir une dernière fois.

---

(1) En Angleterre, les magistrats n'ont pas échappé à l'usage tintamarresque de la perruque. On voit les juges de la Haute-Cour étouffer et suer à grosses gouttes sous un fardeau de cheveux poudrés.

II

Le Juge doit être élu. — La Révolution nous avait donné cette réforme : le premier empire nous l'a ôtée — et Bonaparte avait pour cela les meilleures raisons.

Tous les gouvernements autoritaires — et depuis Napoléon il n'y a guère eu en France que des gouvernements autoritaires — ont voulu faire de la magistrature un *instrument de règne.*

N'est-ce pas en effet le moyen le plus souple et le plus commode de mener les masses ?

Mettre la liberté, la fortune et l'honneur des gens dans la main de *Juges-croquemitaines,* fidèles serviteurs du pouvoir central ; mais c'est admirable, cela, c'est de la bonne politique !

Voilà pourquoi les républicains qui s'intitulent pompeusement *républicains de gouvernement,* voilà pourquoi les réactionnaires lutteront de toutes leurs forces contre le principe de la *magistrature élue.*

Les premiers, parce qu'il leur faut des places, pour caser leurs créatures, et qu'ils ont besoin de juges obéissants pour terroriser l'opposition ; les seconds, parce qu'ils ne désespèrent pas encore de ressaisir le pouvoir et parce qu'ils

savent, par expérience, tout ce que l'on peut
obtenir d'une magistrature servile.

Ne se souviennent-ils pas, qu'au deux décembre, les magistrats républicains de la veille,
devinrent, le lendemain, les laquais de l'empire ?

Et c'est précisément pour cela que nous autres,
radicaux, qui nous croyons sincèrement et véritablement républicains, nous réclamons l'*élection
des juges par le suffrage universel.*

Quelles sont les objections que l'on nous
oppose ?

Je n'en ai jamais compris qu'une ! On a dit :
« Vous aurez des juges qui seront les esclaves du
corps électoral ». Mais c'est précisément ce que
nous voulons. — République veut dire : Souve-
raineté du peuple — il faut que le juge dont nous
sommes les justiciables soit, un jour venu, le
justiciable de l'opinion publique.

Je prétends que le juge élu ne sera pas l'esclave
d'un gros bonnet électoral ; il sera le serviteur
de *tous,* forcément, parce que sa réélection
dépendra du bon exercice qu'il aura fait de son
pouvoir.

Si cet homme est juste, s'il est intègre, s'il
est pondéré, il aura le suffrage de tous les
honnêtes gens, sans distinction d'opinion politique.

S'il se fait l'esclave d'une coterie, il disparaîtra

devant l'indignation du corps électoral tout entier.

Je vais plus loin : je suis persuadé que, par la force des choses, on arrivera à écarter des élections judiciaires toute question politique, et je crois qu'il nous sera donné plus d'une fois de voir un réactionnaire, connu pour son impartialité, nommé par des électeurs républicains ; de même qu'il sera possible de voir arriver à la magistrature, porté par des voix conservatrices, un républicain intègre et intelligent.

III

Voyez ce qui se passe actuellement.

Un juge commet une faute grave, une grosse erreur, une maladresse.

Il est impossible de punir cet homme.

Il s'enveloppe dans son inamovibilité. — Il est irresponsable.

— L'intervention de la Cour de cassation est seule possible ; et la Cour de cassation ne peut intervenir que dans des circonstances exceptionnelles.

— Ce juge se fait le domestique du pouvoir, l'exécuteur des basses-œuvres de je ne sais quel député : je n'ai aucun recours contre lui.

J'ai un procès et je sais que ce juge est mon
ennemi : je n'ai pas le droit de le récuser. Si cet
homme n'est pas honnête, je suis exposé à subir
un jugement uniquement guidé par un parti-pris
haineux : je n'ai pas le droit d'en appeler au
ministre !

— Si ce juge est un élu du suffrage universel,
j'en appellerai à ses électeurs, je dévoilerai ses
turpitudes.

Eh bien, oui, *si esclavage il y a*, nous préfé-
rons avoir des magistrats esclaves du peuple,
que des magistrats esclaves d'une coterie.

IV

Nos politiciens roués et malins tiennent en
réserve — pour combattre l'*élection des juges* —
uu argument qu'ils croient irrésistible.

« Songez, nous disent-ils avec effroi, que beaucoup de départements ne sont pas encore gagnés
à la République ; vous allez mettre les républicains qui sont en minorité dans certaines circonscriptions, à la merci de juges bonapartistes et
cléricaux !

Eh bien, après ! parce que le suffrage universel
envoie des monarchistes à la Chambre, faut-il
supprimer le suffrage universel ? Quel principe
n'a ses inconvénients ?

Eh! si des scandales judiclaires, provoqués par les haines politiques se produisent, n'aurez-vous pas la ressource de la *Cour suprême*, qui pourra toujours casser les arrêts illégaux et renvoyer le justiciable devant un tribunal mieux éclairé?

Cette objection n'a aucune valeur, et si les opportunistes aux abois n'ont rien de mieux à nous fournir, il faudra qu'ils fassent leur deuil de leur magistrature partiale et sans autorité.

CHAPITRE IV

Les Juges. — *Le juge unique.* — *Intervention de la Rochefoucauld.* — *Il faut étendre la compétence du juge de paix.* — *Pandore, juge de paix.* — *Nettoyage nécessaire.* — *Questions de clocher.* — *Tribunaux d'appel.* — *Réorganisation judiciaire.* — *Cour de cassation.*

I

On a dit que la justice de paix était une *juridiction familiale.* C'est vrai, — et c'est pour cela que je la crois la meilleure de toutes.

En général, le juge de paix n'a pas intérêt à se faire d'ennemis, dans une population au milieu de laquelle il est appelé à vivre, parmi des gens qu'il coudoie tous les jours.

« *L'honneur d'une femme,* à dit l'auteur des *Maximes, consiste dans le soin qu'elle a de sa tranquillité et de son repos.* »

C'est là aussi ce qui me garantit la probité du juge de paix. Ses décisions seront toujours guidées par le désir qu'il a de se ménager les sympathies des deux adversaires ; de là ces jugements de *Salomon*, qui sont l'honneur de notre juridiction de paix.

— Le *juge unique*, voyez-vous, il n'y a que cela ! Un pareil homme est forcément plus juste qu'un autre parce qu'il a davantage conscience de sa responsabilité. Il n'a pas à côté de lui d'assesseurs pour la partager, — et à mon avis, le justiciable est mieux protégé par cette *unité du juge* que par la délibération secrète de trois juges en première instance ou même de sept conseillers, en *Cour d'appel !*

« Qu'est-ce d'ailleurs, a dit M. Jeanvrot, qu'un jugement rendu par trois magistrats ? Si deux diffèrent d'avis, ces deux suffrages qui reposent sur des probabilités contraires, se détruisent mutuellement : « *ce n'est donc plus qu'une seule voix qui prononce !* (1) »

A quoi bon trois juges, alors ?

II

Oui, un seul juge suffit, et cela même pour les affaires les plus importantes. C'est de cet esprit qu'étaient animés tous les législateurs qui ont voulu étendre *la compétence des juges de paix.*

---

(1) *Revue de la Réforme judiciaire.* — 15 janvier 1888.

Toutefois, posons bien nos principes : cette extension de compétence ne peut être une source d'avantages qu'à une condition nécessaire : il faut que ce juge unique, muni de pouvoirs considérables, émane de ses justiciables *mêmes*.

Car, si la justice de paix est à *l'heure actuelle*, la meilleure des juridictions, elle ne mérite ce qualificatif que sous la réserve d'être représentée par des hommes *éclairés*, offrant des garanties sérieuses de *moralité* et *de savoir*.

Or, le recrutement de nos juges de paix est parfois déplorable. On n'exige pas d'eux le diplôme de *licencié en droit* ; il leur suffit d'être français et *âgés de 30 ans !*

Hélas ! l'âge n'est pas toujours une garantie ! Aussi, malgré de nombreuses et honorables exceptions, notre corps judiciaire de *paix* ne nous offre-t-il pas un ensemble de vertus et de capacités extraordinaires ! Il y a là dedans un peu de tout : d'anciens notaires qui ont fait des affaires *médiocres*, des avoués en rupture d'étude, *d'anciens gendarmes*, d'anciens instituteurs ou tout simplement des gens qui ont eu le mérite d'avoir rendu des services *exceptionnels* à des personnalités puissantes : on en cite même qui connaissent le droit.

Il y a donc un nettoyage à faire : le suffrage universel s'en chargera.

C'est à cette condition que nous ferons de la justice de paix la base *même de notre organisation judiciaire.*

III

Pourquoi et comment ?

Je viens d'énumérer les motifs qui me poussaient à dire que le juge devait être unique. Dès lors, le tribunal d'arrondissement (nous raisonnons toujours en matière civile) n'a plus de motifs d'exister. Du moment que je trouve dans chaque canton un magistrat capable de résoudre les difficultés les plus graves, qu'ai-je besoin d'admettre un second tribunal, composé de trois juges, alors surtout que cette juridiction est depuis longtemps reconnue — dans un grand nombre d'arrondissements — comme absolument inutile.

La suppression des tribunaux de première instance a déjà inquiété nos assemblées délibérantes. On s'est aperçu, depuis longtemps déjà, que certains de ces tribunaux n'avaient absolument rien à faire d'un bout de l'année à l'autre, qu'ils n'avaient d'autre résultat que d'entretenir deux ou trois avoués loqueteux, et que leurs résidences étaient considérées par les magistrats comme d'affreux lieux d'exil d'où l'on devait songer à s'évader au plus vite.

Par conséquent, il faudra supprimer sinon tous les tribunaux d'arrondissement, mais tout au moins un très grand nombre.

Nous assisterons sans doute au déplorable spectacle qu'il nous a déjà été donné de voir, lorsque M. Goblet a voulu supprimer quelques sous-préfectures. Les « cafetiers » de certaines petites localités crieront comme des poules qu'on plume toutes vives. On mettra en avant les intérêts de clocher; on fera jouer toutes les ficelles des intrigues locales. Mais, il suffira d'un gouvernement un peu énergique pour faire taire ces mesquineries devant l'intérêt général de tous les justiciables et de tous les contribuables de France.

IV

Ainsi, nous ne laisserons subsister qu'un nombre de tribunaux d'arrondissement proportionné aux besoins de la justice, et encore changerons-nous complètement le caractère de ces tribunaux qui deviendront *juridictions d'appel* au lieu d'être des juridictions de première instance.

Le juge de paix sera compétent sur toutes les

questions qui lui sont soumises aujourd'hui et *de plus sur toutes les questions qui tombent sous la juridiction des tribunaux d'arrondissement.*

La simplification des affaires, résultant de cet état de choses sera prodigieuse.

Le plaideur, au lieu de se trouver presque toujours éloigné de ses juges, pourra obtenir, dans son chef-lieu de canton, la solution des litiges pour lesquels il lui fallait se rendre au chef-lieu d'arrondissement.

Au lieu d'une justice incommode, dispendieuse, entourée de formules et de paperasseries, nous donnons au justiciable, une justice familiale, peu coûteuse, dépourvue de solennités bizarres.

Quoi de plus sensé?

En supprimant un grand nombre de juges de première instance, nous provoquons une grosse économie budgétaire; et en faisant du *juge de paix*, le vrai juge en premier ressort, nous dispensons les plaideurs de l'intervention absolument inutile des *avoués*, c'est-à-dire de gens qui sont intéressés à allonger, à embrouiller, à gonfler les procès.

Simplicité de procédure, abréviation des délais, diminution des distances, responsabilité pleine et entière d'un juge unique et élu : tels sont les principaux avantages de la réforme judiciaire que nous défendons.

V

Mais quelle sera donc, peut-on nous dire, l'utilité des anciens tribunaux de première instance que vous entendez conserver?

Ils deviendront des tribunaux d'appel.

Nous demandons, en effet, énergiquement la suppression des Cours d'appel telles qu'elles sont actuellement organisées.

La *Cour d'appel* est trop éloignée du justiciable. Les voyages que nécessite le moindre procès devant ces juridictions en dernier ressort sont une cause *de frais considérables.*

Nous expliquerons, du reste, tout à l'heure, qu'au point de vue correctionnel, la Cour d'appel n'aura aucun rôle à jouer dans la nouvelle organisation judiciaire.

Nous pouvons donc résumer notre système de refonte de la *justice civile,* de la façon suivante :

1° A la base : **LE JUGE DE PAIX**, juge unique, élu, statuant en dernier ressort dans les petites contestations ; en premier ressort, dans tous les procès possibles, quel que soit le montant des intérêts litigieux.

Ce sera : **la juridiction cantonale.**

2º Au second degré : un **TRIBUNAL D'APPEL**, composé de trois juges élus, statuant **TOUJOURS EN DERNIER RESSORT**, sur les contestations déjà tranchées devant la juridiction cantonale.

3º Au sommet : la Cour suprême ou Cour de cassation, composée de magistrats **ÉLUS** (1), et maîtresse de casser. les jugements **RENDUS EN DERNIER RESSORT**, d'après les règles actuellement en vigueur (2).

---

(1) Nous demandons, à l'encontre d'un certain nombre de législateurs, l'élection de la Cour de cassation. Seulement à la différence du juge de paix et des juges d'appel qui seront toujours élus par le suffrage universel, nous croyons que la Cour de cassation devra être élue au *suffrage restreint* et cela presque forcément. Les électeurs pourront être les *magistrats d'appel*.

(2) La question délicate de savoir quelle interprétation il fallait donner aux *arrêts de cassation* a subi une foule de vicissitudes depuis l'institution même de la Cour suprême. Prenons un exemple :

Un procès intervient entre M. X... et M. Z..., et la Cour d'appel d'*Angers* donne gain de cause à M. X... La Cour de cassation casse l'arrêt et renvoie l'affaire devant la Cour d'appel de *Rennes*.

Que devra faire la Cour d'appel de *Rennes*? Peut-elle résister à la Cour de cassation et statuer dans le même sens que la Cour d'appel d'Angers? Oui, évidemment.

La Cour de cassation *recassera* et renverra l'affaire

devant la Cour de *Caen* qui pourra encore refuser de
statuer dans le sens de la Cour suprême ! S'il en était
ainsi, le pourvoi devant les juges de cassation ne serait qu'un
leurre et les justiciables seraient quelquefois obligés de
faire *leur tour de France* avant d'obtenir justice.

Aussi les choses ne se passent-elles pas ainsi. Actuellement, lorsque la Cour suprême a cassé un arrêt *deux fois*,
la troisième Cour d'appel appelée à se prononcer ne peut
que confirmer la décision de la Cour suprême. Nous
croyons que ce système présente des garanties suffisantes
et nous ne verrions aucun inconvénient à ce qu'on le
conservât.

CHAPITRE V

La réforme correctionnelle et criminelle. — *Le parquet. — Le* Wilsonisme. — *Pas de contrôle. — Le scepticisme d'un préfet de police. — Le rétablissement de la torture. — Supprimons le juge d'instruction. — Acquittements impossibles. — Le jury correctionnel. — Bizarreries judiciaires. — Donnez-nous des juges! — Plan de réorganisation.*

I

A l'heure où j'écris ces lignes (février 1888), le *parquet* n'est précisément pas à son aise. Les scandaleuses affaires Wilson ont eu pour résultat d'édifier le public sur les agissements de MM. les procureurs et juges d'instruction.

Nous avons vu récemment M. le procureur de la République *Bouchez* courbé sous le poids de révélations écrasantes, trainé sur la sellette par le directeur d'un journal autorisé (1), sommé en

---

(1) Voyez le *Paris* des 25 et 26 janvier, des 1er, 2 et 3 février 1888.

quelque sorte, d'avoir à se justifier devant la cour d'assises et se dérobant honteusement devant des accusations précises.

Il ne m'appartient pas d'insister sur de pareils faits ; je n'ai pas, dieu merci, à remuer cette boue, à dénoncer ces tripotages dans lesquels notre justice française a joué un rôle bien étrange. De semblables abus ne font que justifier ma thèse, ils viennent à l'appui de mes arguments, et donnent je crois, une force singulière à toutes les revendications de ceux qui réclament la réforme immédiate de notre organisation judiciaire.

Chose bizarre ! Il a fallu que M. Wilson lui-même fût victime des excès de zèle et des vexations d'un juge d'instruction (1) pour que l'on commençât à s'apercevoir en haut lieu des incroyables abus dont ces omnipotents magistrats se rendaient journellement coupables. Leur pouvoir est terrible : ils sont maîtres de la liberté de tous les citoyens. Ils peuvent faire arrêter qui il leur plaît ; si cette arrestation est illégale, l'individu qui en est la victime a le droit... *de se taire* : aucune indemnité ne lui sera accordée.

On croit généralement que les prescriptions de

---

(1) Affaire *Vigneau*. Ce magistrat a été déféré à la Cour de cassation qui lui a infligé *la censure simple avec dépens.*

la loi sont sévèrement accomplies et que toute
personne arrêtée est conduite devant le juge
d'instruction, dans les 24 heures qui suivent son
arrestation. (Aux termes de l'article 93 du Code
d'instruction criminelle). Il n'en est rien. Sur
cent individus arrêtés à Paris, en juin et
juillet 1881, (1) *un seul* a été conduit devant le
juge d'instruction dès le premier jour ; les autres
sont restés 5, 6 et même *neuf jours* sous les ver-
rous, avant d'avoir été *interrogés.*

Si de pareilles violations de la liberté naturelle
se produisaient en Angleterre, pays monarchique,
au lieu de se passer en France, pays démocratique, il y aurait, dans Londres, des émeutes
terribles.

Il me faudrait écrire cent volumes si je voulais
citer tous les cas dans lesquels les juges d'instruction ont commis des excès de pouvoir, des
actes arbitraires, d'épouvantables maladresses.

Et cela se conçoit. Ces gens-là — à qui on
donne un pouvoir quasi-royal — en arrivent
forcément à ne plus se soucier des formalités
que la loi a créées uniquement pour garantir les
citoyens contre la toute-puissance de la magis-

---

(1) Statistique de M. *Yves Guyot* dans son curieux livre :
La Police, Charpentier, éditeur.

trature. Ils opèrent sans contrôle efficace, et ils
commettent leurs exactions simplement, sans
s'en douter presque, avec une inaltérable tranquillité d'âme et de conscience. Ils ressemblent
à ce préfet de police qui, dans l'*Enquête du 4 sep-
tembre*, déclarait sans la moindre réticence de
pudeur : « *Quoique avocat, j'avais fini par ne
plus trop me préoccuper de la loi!* » (1). *M. Vigneau* ne disait-il pas aussi récemment : « *Ma
conscience est tranquille !* »

II

Je laisse de côté l'exemple classique du juge
d'instruction qui laisse pourrir un accusé à
Mazas, dans le but d'en obtenir des aveux. Il y
a plus de cinquante ans que des législateurs
ultra-modérés ont demandé la suppression de la
mise au secret que l'on a appelée si justement :
le rétablissement de la torture. (2).

Tous ces développements m'entraîneraient hors
du cadre de mon travail. Si j'y fais aussi briève-

---

(1) Cet excellent préfet de police n'était autre que
M. Cresson, aujourd'hui avocat à la Cour de Paris.

(2) Dès 1818, M. Bérenger réclamait cette suppression
dans un livre intitulé : *La Justice criminelle.*

ment allusion, c'est pour arriver plus vite à une
conclusion que j'estime nécessaire et que je for-
mule ainsi : « *Il faut supprimer le juge d'instruction.* »

Ce magistrat n'a pas sa raison d'être. C'est le
procureur de la *République seul* et ses substituts
qui doivent être chargés de l'instruction des
affaires criminelles et correctionnelles. Et l'instruction ainsi organisée ne saurait être probante
et valable sans la *présence de l'avocat de l'inculpé* à tous les interrogatoires (1).

— Quelle est en effet, en matière correctionnelle, la mission du juge d'instruction?

Il est, en définitive, *juge en premier ressort*:
il examine l'affaire. Si le prévenu lui paraît être
innocent, il rend une *ordonnance de non-lieu;* si
la culpabilité lui semble évidente, il rédige une
ordonnance de renvoi qui a pour but de faire
comparaître l'inculpé devant le tribunal correctionnel.

— Ce malheureux se trouvera donc en présence de juges assurément prévenus contre lui,
puisqu'il a été — ne nous y trompons pas —
déjà condamné par un de leurs confrères.

---

(1) Cette dernière réforme est à la veille de devenir un
fait accompli.

Il faut se pénétrer de l'idée suivante : « TOUT ACQUITTEMENT EN POLICE CORRECTIONNELLE EST UN CAMOUFLET A L'ADRESSE DU JUGE D'INSTRUCTION. »

Du reste, que se passe-t-il dans un grand nombre de villes de province? Nous voyons le *juge d'instruction* qui a déjà *culpabilisé* le prévenu, siéger parmi les magistrats qui sont appelés à *reviser* la décision de ce même juge d'instruction. Quelquefois même, c'est lui qui préside le tribunal ! N'est-ce pas un comble? et comment voudriez-vous que le pauvre diable s'en tirât dans de pareilles conditions?

Voilà pourquoi l'acquittement en police correctionnelle est d'une rareté phénoménale.

III

Aussi, tous les réformateurs véritablement soucieux d'une bonne justice, prônent-ils, depuis de longues années déjà, la création du *jury correctionnel.*

La plus admirable idée de la Révolution française a certainement été la fondation du jury criminel. Faire juger l'accusé par ses *pairs* est un principe sacré dont on n'aurait jamais dû se départir : voilà la vraie justice patriarchale et familiale !

Je suis de ceux qui ne reculeraient pas devant l'idée d'un *jury civil* : je me déclare donc, à plus forte raison, le partisan, et le partisan enthousiaste des *Assises correctionnelles*.

On peut se demander, en effet, d'où vient cette division baroque entre *crimes jugés par la Cour d'assises* et *délits soumis à la juridiction correctionnelle*.

Cette division est si fausse, si artificielle qu'on serait amené, en la prenant à la lettre, à des conclusions bien bizarres : « Il faudrait dire que le voleur pris en train de dérober *cent mille francs* dans un tiroir ouvert est moins coupable que le petit apprenti bijoutier qui a soustrait quelques rognures d'argent dans l'atelier de son patron. »

Le premier est en effet justiciable de la police correctionnelle : il n'a commis qu'un délit.

Le second est justiciable de la Cour d'assises : sa gaminerie — un vol qui s'élève peut-être à une estimation totale de *2 francs* — est qualifiée crime : c'est un *détournement par commis* (1).

---

(1) Le fait que nous signalons ici *à dessein* a été soumis à la Cour d'assises de la Seine au mois d'octobre 1885. L'apprenti, un tout jeune homme nommé S..., fut acquitté par le jury, après avoir été condamné par le Tribunal correctionnel à quatre mois de prison.

Le parquet fait tous les jours une opération qui est la meilleure critique de tout ce système : il prend sur lui de correctionnaliser les *petits crimes*, et tout le monde est enchanté de cette violation de la loi.

IV

Les divers gouvernements qui se sont succédés en France n'ont jamais entendu qu'utiliser à leur profit cette dualité de la Cour d'assises et de la Police correctionnelle.

Le despotisme a toujours eu une profonde horreur de la Cour d'assises : c'est du reste le plus bel éloge qu'on puisse faire de cette institution.

Si modérés, si obéissants au pouvoir, si craintifs que puissent être les douze bourgeois qui composent un jury, il faut reconnaître pourtant qu'ils sont toujours dominés par une qualité — éminemment française — *le bon sens*.

Et puis, dans une réunion de douze personnes, si habilement que soit exercé le droit de récusation du ministère public, il est bien rare qu'il ne se glisse encore quelques esprits indépendants et libéraux : voilà pourquoi la Cour d'assises n'a jamais été l'*instrument de règne* de la tyrannie.

Aussi, la préoccupation constante des monar-

chies et des empires a-t-elle été de retirer au jury
non pas les PETITS CRIMES DE DROIT COMMUN, mais
TOUS LES ATTENTATS QUI PEUVENT ÊTRE COMMIS
CONTRE UN GOUVERNEMENT AUTORITAIRE PAR UNE
OPPOSITION LIBÉRALE.

Critiques de la forme du gouvernement;
outrages aux fonctionnaires; emblèmes qualifiés
de séditieux (1); délits de presse; délits de réunion
et d'association; excitation à la haine et au
mépris du gouvernement : tels sont les faits que
les régimes autoritaires voudraient soumettre aux
tribunaux de police correctionnelle et *pour
cause !*

Eh bien! nous prétendons qu'une telle distinction est épouvantable, qu'elle n'est pas digne
d'une démocratie, et nous demandons que *tous
les délits* soient, sans catégories, et sans exceptions, soumis au jury, *seul juge correctionnel
autorisé.*

Nous ne voulons plus que les tribunaux cor-

---

(1) Nous avons aujourd'hui la honte de voir un soi-
disant *républicain*, M. Bozérian, sénateur de Loir-et-Cher,
proposer au Sénat une loi qui a justement pour but de
rendre aux juges correctionnels un *certain nombre de faits
qualifiés crimes* et qui rentrent dans la catégorie de ceux
que nous énumérons ici. Ce représentant aurait mérité
d'être *sénateur de l'empire.*

rectionnels se fassent les intruments de vengeance,
les exécuteurs des basses-œuvres du pouvoir
exécutif, et, dans l'intérêt de tous les citoyens,
nous réclamons pour chacun le droit d'être jugé
par ses égaux. C'est la vieille justice gauloise ; et
c'est encore la bonne ! Plus de magistrats salariés
pour condamner, rendus sceptiques et indifférents
par l'habitude, plus de *machines à juger* : donnez-
nous des *juges !*

V

Poussé par cet esprit de *simplification* qui
doit dominer l'œuvre entière de la réforme judiciaire, nous ne voudrions pas laisser subsister la
Cour d'assises du chef-lieu, à côté des *jurys
correctionnels*.

Dans chaque circonscription soumise à la juridiction d'un *tribunal d'appel*, nous placerons une
Cour d'assises à la fois correctionnelle et criminelle.

Cette cour ne sera composée que de *sept jurés*,
nombre largement suffisant. Elle sera recrutée
de la même façon qu'aujourd'hui, avec cette
différence qu'un seul *magistrat-directeur*, *un
juge de paix*, sera chargé de présider les
débats.

Elle se réunira tous les mois. — Pour éviter

4

de trop longues *préventions*, le parquet sera
invité à user largement de la mise en liberté provisoire (1). Du reste, les menus délits (chasse,
pêche, vagabondage, mendicité) seront soumis
au juge de paix, qui prononcera en premier
ressort — le jury correctionnel étant destiné à
remplacer, en cette matière, la *Chambre correctionnelle de nos cours d'appel.*

Un dernier mot : les magistrats du parquet
(procureurs et substituts), qui opéreront, comme
maintenant, auprès des tribunaux d'appel et des
jurys, devront-ils être élus par le suffrage universel? — Nous ne le croyons pas. Plusieurs législateurs veulent aller jusque-là, et défendront ce
principe, lorsque la réforme judiciaire sera dis-
cutée devant les Chambres. Je ne partage pas cet
avis... Le *ministère public* est l'organe de la
société, il est le représentant de l'État. Les
magistrats de cette catégorie doivent donc être
des fonctionnaires publics à la merci du gouvernement qu'ils servent. Je n'irais pas toutefois
jusqu'à admettre qu'ils exerçassent un pouvoir
disciplinaire sur les magistrats élus et sur les
officiers ministériels (si toutefois on laisse subsis-

---

(1) Une large indemnité sera due aux acquittés. Le
jury lui-même sera maître d'en évaluer le chiffre.

ter des officiers ministériels!) Ce serait absolument
contraire aux principes que je viens de développer. Je puis donc ainsi résumer le nouveau
système criminel que proposent un grand nombre de réformateurs judiciaires.

PREMIÈRE JURIDICTION

CONTRAVENTIONS. — PETITS DÉLITS.

Le Juge de paix (assisté du Maire du chef-lieu
de canton, représentant le ministère public.)

DEUXIÈME JURIDICTION

Jury correctionnel et criminel, composé de
7 membres, présidé par **un juge de paix** (assisté
des magistrats du parquet, qui seront seuls chargés
de l'instruction et du réquisitoire.)

Devant cette juridiction seront jugés tous les
crimes et délits de quelque nature qu'ils soient,
réserve faite pour les faits soumis à la Justice de
paix, et sur lesquels le jury statuera néanmoins
comme tribunal d'appel.

CHAPITRE VI

Les avocats et les avoués. — *Puissance de la
corporation des avocats.* — *Retour à l'ancien
régime.* — *Les ennemis des avocats.* — *Opinion de la* Société d'Économie politique. —
Mᵉ Pathelin se fait payer d'avance. — *Les*
usines. — *L'avocat* vieux jeu. — *L'avoué,
rouage inutile.* — *Le plaideur écorché deux
fois.* — *Le rachat des études.*

I

La corporation des avocats est une formidable
puissance. Elle a fourni depuis cent ans les premiers hommes politiques de notre pays ; elle a
rendu d'immenses services, au moment où la
liberté a été la plus menacée.

Chaque page de l'histoire de la Révolution
française est marquée du nom d'un avocat
célèbre. On a compté dans la députation du
Tiers-État 213 membres du barreau. Et que de
brillantes illustrations pendant tout le cours du

xixᵉ siècle : Dupuis, Berryer, Michel de Bourges
(le plus grand peut-être !), Chaix d'Est Ange,
Marie, Lachaud, Jules Favre, Grévy, Crémieux,
Gambetta, j'en passe et des plus merveilleux
orateurs !

C'est contre cette admirable aristocratie du
talent et de l'esprit, contre cette *société* qui aura
su nous en imposer jusqu'à sa dernière heure par
les sentiments de solidarité de ses membres et par
sa fidélité aux traditions qu'il nous faut nous
élever et livrer bataille.

Il est douloureux, sans doute, pour nous qui
sommes les enfants de cette grande famille, de
nous révolter contre elle et de venir lui déclarer,
au nom de la démocratie, que ses moments sont
comptés et qu'elle doit s'apprêter à disparaître.
— Tant pis, la vérité avant tout. — Pas de
sophismes. La corporation des avocats constitue
un monopole et un privilège accordés à une certaine catégorie de citoyens.

Seuls, les membres du barreau peuvent présenter devant les tribunaux civils les demandes
des justiciables.

Soumis à un *Conseil de discipline*, nommé par
eux, ils se réservent de n'ouvrir l'accès de
leur ordre qu'aux individus qu'il leur plait
d'admettre.

Leur profession est sujette à des incompatibilités que pourrait à peine justifier l'exercice d'une fonction publique (1).

Ils s'interdisent de réclamer en justice le salaire qui doit accompagner tout travail légitime.

Par conséquent, l'Ordre des avocats n'est plus en harmonie avec nos institutions actuelles : il nous offre le type d'une de ces corporations fermées que la Révolution française a détruites.

Nos législateurs ne sauraient hésiter plus longtemps à le supprimer, sans s'exposer à des mécomptes sérieux devant leurs électeurs.

II

Les défenseurs du *Monopole des avocats* feraient preuve de mauvaise foi, s'ils venaient prétendre que leurs adversaires agissent par suite de parti-pris.

Ils n'ont pas, en effet, pour ennemis seulement

---

(1) Ces incompatibilités sont absurdes. Pourquoi un avocat n'aurait-il pas le droit d'être ingénieur, médecin, vétérinaire ou directeur d'un journal ? Cette division des professions est la négation même des principes républicains. Le barreau de Paris a, il y a quelques années, refusé d'admettre M. Albert Bataille, rédacteur du *Figaro*, parce qu'il était *journaliste*. N'était-ce pas absurde ?

des démagogues exaltés : c'est dans le barreau
même qu'ils rencontrent leurs plus impitoyables
contradicteurs, ce sont des magistrats éclairés,
qui leur démontrent l'inanité de leurs prétentions.
— L'honorable *M. Martini* (1), dans son discours d'ouverture de la *Conférence des avocats*,
le 15 novembre 1886, a fait preuve, j'en suis persuadé, d'une violence trop agressive. Ce n'est
pas ainsi que l'on défend une cause lorsqu'on la
trouve bonne.

Il aurait dû songer qu'il avait contre lui des
députés tels que *MM. Remoiville, Colfavru, Ver-
goni* et *Pally*, des magistrats tels que *MM. de
Montluc* et *Jeanvrot*. Ce ne sont pas là des gens
dont on se débarrasse avec de belles périodes
plus ou moins aigres.

Le barreau voit, d'ailleurs, surgir encore d'autres ennemis pour le moins aussi redoutables que
ceux-ci : ce sont les *économistes.* Dans une séance
qui restera mémorable, le 5 mai 1887, la société
d'Économie Politique, sous la présidence de
M. Léon Say, a déclaré que « *la profession d'avocat n'était pas constituée en France, en confor-*

---

(1) Me Martini était à cette époque *bâtonnier* du barreau
de Paris. Il a été depuis remplacé par Me Durier.

milé des principes de l'Économie Politique (1). »
Une telle opinion soutenue par un politicien fort
modéré, *M. Frédéric Passy*, par un financier
émérite, *M. Alphonse Courtois*, par un socio-
logue distingué, *M. Limousin*, et par un écono-
miste aussi autorisé que *M. Léon Say* méritait
d'être relevée.

Condamné non seulement par le suffrage universel, mais encore par une réunion d'esprits
d'élite, dans laquelle se trouvaient les intelligences
les plus pondérées et les plus graves, l'Ordre des
avocats ne doit plus songer qu'à *bien mourir*.

III

Il n'est pas admissible que, sous prétexte de
garantir les intérêts de plaideurs qui ne deman-
dent nullement à être protégés (2), une classe de

---

(1) J'ai signalé, le premier je crois, cette importante
délibération dans un *journal parisien*, en ayant soin d'en
commenter la gravité. Cet article m'a valu une lettre de
M. Vergoin, député de Seine-et-Oise, dans laquelle le
sympathique champion de la réforme judiciaire veut bien
m'informer qu'il tiendra compte de quelques-unes de mes
indications.

M. A.

(2) Le grand argument de MM. les Avocats est le sui-

citoyens s'arroge le droit de faire *bande à part*
dans la société française.

Les avocats doivent être assimilés aux médecins, aux pharmaciens, aux herboristes : qu'ils
s'organisent en syndicat, si cela leur plaît,
mais en syndicat *libre*, et non pas en *corps
fermé*.

Si MM. les membres du barreau entendent
conserver leur prestige et jouir d'une considéra-
tion particulière, eh bien ! qu'ils plaident toujours
gratuitement !

Il ne se trouvera personne alors pour leur
supprimer leurs privilèges.

Il importe, en effet, de dévoiler ce sentiment

---

vant : « Ne craignez-vous pas de mettre la représentation
devant la justice entre les mains d'hommes tarés si vous
nous supprimez notre privilège ? Nous avons en effet des
garanties d'*honorabilité et de savoir* que n'offre pas le
premier venu ? » Sans doute, mais en exigeant le diplôme
de *licencié en droit* de la part de ceux qui voudront exercer
la profession d'avocat, nous offrirons au public une
garantie de savoir suffisante. Quant à l'honorabilité, c'est
à chaque citoyen de se faire lui-même une réputation sous
ce rapport. Voyez les médecins : leur corporation n'est
pas fermée ; ils n'ont pas une confrérie qui leur délivre
des brevets d'honneur et de vertu ; en sont-ils moins
considérés ? à chacun selon ses capacités, et à chaque
capacité suivant ses œuvres !

d'hypocrisie qui pousse l'avocat à refuser le droit
de poursuivre ses honoraires en justice.

Allons donc! ce noble désintéressement n'existe
pas. Le public sait de longue date que M° *Pathelin* se fait payer d'avance, et fort cher.

S'il y a encore dans le barreau plus d'un *maître* respectable et vénérable, sachant s'inspirer
des belles traditions, on cite, hélas! plus d'un
avocat dont on ne peut saluer que la robe.

Croyez-vous que les conseils de l'Ordre des
grands barreaux n'aient pas de temps à autre à
exercer — vainement! — leurs pouvoirs discipli-
naires sur certains avocats coureurs d'affaires,
raccrocheurs de clients, soudoyant les geôliers
dans les prisons, en un mot, indignes de la profession?

Et ne pourrait-on pas citer, à Paris, de grands
avocats dont le *cabinet* pourrait mieux prendre
le nom d'*usine*, chez qui les affaires se brassent
par centaines, et qui font plaider leurs procès
par une multitude de secrétaires.

— Où es-tu? avocat *vieux-jeu*, qui étudiais
toi-même toutes tes affaires, et qui te sentais
incapable d'exploiter le talent d'autrui?

Habites-tu, maintenant, ce monde inconnu où
gitent les vieilles lunes et où Villon cherchait en
vain les neiges d'antan?

Certes, je ne suis pas un ennemi des Israélites

et je suis trop libéral pour briser des lances contre la *bande juive* en compagnie du fougueux écrivain royaliste, Edouard Drumont. Mais je dois constater que du jour où, à la suite de Crémieux, les juifs intelligents, perspicaces, cherchant des voies nouvelles, ont envahi le barreau, le barreau a été perdu.

IV

Donc, supprimons le privilège des *avocats*, mais à la condition de supprimer en même temps le monopole des *avoués*.

Ici, plus de *chicane* possible.

L'avocat et l'avoué qui, confondus dans la même personne, constituent un rouage judiciaire utile, ne peuvent pas se concevoir séparément.

Quelle est la raison d'être des avoués?

Ils ont pour mission de représenter les parties en justice devant les tribunaux ; ils font toutes les écritures nécessaires pour l'instruction des affaires (ils *postulent*, dit-on, dans le *charabia* qui sert de langage aux habitués du palais) ; enfin, ils présentent au tribunal l'exposé des prétentions du plaideur (ils rédigent des conclusions).

Leur ministère est obligatoire devant les tribunaux civils et les Cours d'appel; nul ne peut se dispenser de passer sous les fourches caudines de l'avoué : voilà un fait monstrueux, indigne de notre civilisation et de nos mœurs démocratiques. J'en ai déjà signalé les inconvénients dans mon chapitre Ier.

Quel est maintenant l'unique fonction de l'avocat?

Il est chargé de développer devant les juges les conclusions *écrites et signées par l'avoué.*

Supposez qu'un avocat se présente devant un tribunal pour exposer la demande d'un justiciable, sans qu'un avoué ait été préalablement constitué : *le tribunal n'a pas le droit d'écouter cet homme de loi.*

Pourquoi cela? — Parce qu'il faut que le plaideur soit *écorché* deux fois : 1° par l'avoué; 2° par l'avocat. Notez bien que l'avoué pourrait parfaitement *plaider* la cause; que l'avocat est aussi capable que son collègue de *rédiger des conclusions :* n'importe! il faut que le justiciable subisse ces deux parasites judiciaires, qu'il les nourrisse *tous les deux*, qu'*il paye deux fois le même travail!* (1)

---

(1) Dans la plupart des petits chefs-lieux d'arrondissement, l'avoué fait l'office d'avocat, à la grande satisfaction du public.

Voyez-vous ici clairement l'ancien régime ressuscité, la corporation privilégiée montrant le bout de l'oreille, la liberté des citoyens foulée aux pieds par des gens dont le service est imposé obligatoirement !

A cet état de choses, un seul remède est possible : *la fusion des deux professions d'avocat et d'avoué*, ou plutôt la transmission aux avocats de toutes les fonctions exercées par les avoués.

V

Je sais qu'on élève à cette proposition une objection sérieuse : la question du rachat des études d'avoué. A cela, je n'ai qu'une chose à répondre : « Lorsqu'une institution est reconnue mauvaise, et contraire aux principes de la démocratie, il faut qu'elle disparaisse. » Et puis, est-il si difficile de trouver une solution acceptable?

L'indemnité que l'Etat devra allouer aux avoués dépossédés de leurs charges devra être égale, non pas au prix payé par le titulaire à son prédécesseur, mais au *préjudice causé à l'avoué dépossédé par la suppression de son étude*.

Or, la plupart des avoués étant aujourd'hui licenciés en droit, il suffira à ces derniers d'une simple formalité pour devenir *avocats-plaidant ;* et ils se trouveront tout de suite à la tête d'une belle clientèle ! A ceux-là donc, l'État ne saurait allouer, sans injustice, qu'une indemnité très faible, égale à la petite perte qu'ils subiront.

Les seuls officiers ministériels qui soient susceptibles d'être gravement atteints par la réforme sont les avoués *non licenciés;* ceux-là recevront des compensations suffisantes et ils trouveront facilement des emplois en rapport avec leurs aptitudes(1).

On peut donc établir que le rachat des études d'avoué pourra facilement être fait au moyen d'un *emprunt amortissable* en *six ou dix années.*

Ne vaut-il pas mieux pour le contribuable payer pendant quelque temps un tout petit impôt, facile à supporter, que de continuer perpétuellement d'entretenir à grands frais toute une catégorie de gens de loi, rouages absolument inutiles de la grande machine judiciaire. Résumons-nous encore une fois :

— **Tout justiciable sera libre de présenter sa cause devant la justice.**

— **Il pourra choisir le mandataire qui lui**

---

(1) Ne seront-ils pas naturellement désignés, dit M. de Montluc, pour remplir les fonctions de *secrétaires* chez les nouveaux *avocats-avoués*? (*Revue de la Réforme judiciaire* du 15 novembre 1887.)

plaira et se servir du même **mandataire devant toutes les juridictions.**

— La corporation des **avoués** sera supprimée.

— Les fonctions des avoués seront transmises aux avocats qui prépareront les affaires et les plaideront.

—Les **corporations d'avocats** seront abolies : toutefois il sera possible aux avocats de se réunir en un **syndicat libre** auquel les adhésions ne seront nullement forcées.

CHAPITRE VII

Huissiers et Greffiers.— *Enterrez-en deux ! — Un mangeur d'huissiers.— Histoire d'un coup de pied... quelque part. — M. Zola et les huissiers.— Les conseillers du pauvre.— Trois sous par jour. — Le facteur judiciaire.— Les accapareurs. — Bourse commune. — Un phalanstère d'huissiers. — Monopole sur monopole.— Commissaires judiciaires.— Le rôle de la Poste. — Pas de fumée sans feu. — 285 francs pour 180 francs. — Huissier-soldat.— Les exploits de M. Loyal.— Greffiers et commis-greffiers. — On ne tue pas les morts.*

I

Alexandre Dumas père était un homme d'une admirable générosité : aucune infortune ne lui était signalée sans qu'il la secourût. On lui demandait un jour un louis pour subvenir aux frais d'enterrement d'un pauvre diable. — Et qu'est-ce qu'il faisait de son vivant, ce pauvre diable ? demanda l'auteur des *Mousquetaires*. —

Il était *huissier*, répondit timidement le solli-
citeur.— Tenez, répliqua narquoisement Dumas,
voici quarante francs, enterrez-en *deux*.

Ce mot ne peint-il pas toute l'animosité dont
est victime, même de la part des gens d'esprit, la
malheureuse corporation des huissiers ?

Racine et Molière n'ont pas épargné le *sergent*
qui était l'ancêtre de l'huissier : le journalisme et
la littérature contemporaine ont abreuvé d'amer-
tume ce modeste exécuteur de la loi. Le *Petit
Journal*, la *Lanterne*, la *France* mènent depuis
des années contre les huissiers une campagne
terrible. Un journaliste, Mermeix, s'est fait, dans
la *France*, une spécialité de *mangeur d'huissiers*.

Zola, lui-même, malgré son énorme puissance
d'observation, n'a vu l'huissier qu'à travers la
loupe des préjugés.

S'il n'a pas épargné les magistrats dans la
personne du conseiller à la Cour *Duverdier* (1),
de « *Pot-Bouille* », il faut reconnaitre qu'il a été,
dans « la *Terre* » d'une effroyable cruauté vis-à-
vis de l'huissier, représenté par le personnage
épisodique de *Vimeux*.

_____

(1) Il y aurait une étude curieuse à faire sur la façon
dont Zola a compris les *gens de justice* et l'*organisation
judiciaire*.

« ..... Toujours vêtu en monsieur, un chapeau, une
« redingote, un pantalon noirs, abominables d'usure et de
« taches, il était célèbre, dans le canton, pour les terribles
« raclées qu'il recevait des paysans, chaque fois qu'il se
« trouvait obligé d'instrumenter contre eux, loin de tout
« secours. Des légendes couraient, des gaules cassées sur
« ses épaules, des bains forcés au fond des mares, une
« galopade de deux kilomètres à coups de fourche, une
« fessée administrée par la mère et la fille, culotte bas...»

« ..... Ah ! nous y sommes enfin (*lui dit le paysan*
« *auquel il doit remettre une assignation*) ce n'est pas
« malheureux. Donne-moi ton papier. Non ! pas du bout
« des doigts, comme à regret. Poliment, nom de Dieu ! et
« de bon cœur... Là ! tu es gentil.

« Vimeux, paralysé par les ricanements de ce grand
« bougre, attendait en battant des paupières, sous la
« menace de la farce, du coup de poing ou de la giffle
« qu'il sentait venir.

« — Maintenant, retourne-toi.

« Il comprit, ne bougea pas, serra les fesses.

« — Retourne-toi ou je te retourne !

« Il vit bien qu'il fallait se résigner. Lamentable, il se
« tourna, il présenta de lui-même son pauvre petit der-
« rière de chat maigre. L'autre, alors, prenant son élan,
« lui planta son pied au bon endroit, si raide, qu'il l'envoya
« tomber sur le nez, à quatre pas. Et l'huissier qui se
« relevait péniblement, se mit à galoper, éperdu..... »

Ne dirait-on pas que ce passage tout entier
est le résultat d'une féroce gageure ?

II

Il serait peut-être intéressant de rapprocher cet
éreintement de l'*éloge* que fait de la corporation
un conseiller à la Cour d'appel de Paris,
M. Campenon, dans un excellent ouvrage judiciaire (1).

« Les huissiers sont les premiers conseillers, les seuls
« souvent, des plaideurs pauvres, des commerçants, des
« paysans, si défiants, si soucieux de leurs intérêts ; ils
« ont à recevoir, à expliquer, à formuler toutes les plaintes,
« toutes les réclamations.....
« Leurs fonctions pénibles et délicates les mettent en
« rapport avec toutes les misères, en contact avec le secret
« de toutes les industries ; ..... ils peuvent rendre d'im-
« portants services, sans aucun éclat ; cette situation qui
« exige la loyauté professionnelle, une extrême activité,
« une certaine sagacité, est devenue presque misérable
« pour la moitié de ceux qui l'ont prise. »

Entre le romancier et le magistrat, je n'hésite
pas un seul instant : c'est le magistrat qui a
raison. Non, l'huissier, et même l'huissier de
campagne, n'est pas le personnage pitoyable que
Zola nous a dépeint.

_____

(1) *De la Revision du Code de procédure civile*, Paris, 1867.

C'est, comme l'a dit M. Campenon, le conseiller du pauvre. Je n'irai pas jusqu'à soutenir que les paysans l'*aiment* : ils ont toujours à son égard la secrète méfiance que leur inspire tout le personnel judiciaire ; mais je puis affirmer qu'ils le respectent et qu'ils l'estiment. L'auteur des *Rougon-Macquart* nous a décrit les mœurs d'un autre âge.

Parbleu ! nous savons bien que l'huissier n'est pas un millionnaire, qu'on pourrait au contraire l'appeler à juste titre le *prolétaire* du monde judiciaire. — A quoi cela tient-il ? — A la loi qui semble guidée par un parti pris de déconsidérer le plus utile de tous les officiers ministériels.

Jugez plutôt.

Elle fait de l'huissier le *domestique* du tribunal ; elle lui fait jouer dans la salle d'audience le rôle dégradant de commissionnaire et d'agent de police. — Je me suis même laissé dire que certains présidents se permettaient de *tutoyer* les huissiers ! (il faut que ces huissiers-là soient de bonne composition !)

Et savez-vous ce que l'on paye les malheureux huissiers, en justice de paix, par exemple, pour faire ce service de *garçons de salle* ? *Trois sous* par appel de' cause, ce qui leur constitue, le jour où une enquête occupe toute l'audience, *quinze centimes de salaire pour une journée de travail !*

Je dois reconnaître encore que leur tarif ordi-
naire — pour être plus élevé que celui dont je
viens de faire mention — n'est nullement en
rapport avec les exigences de la vie actuelle. Il
est la plupart du temps dérisoire (1) ; les chiffres
en ont été fixés en 1807 à une époque où les
choses nécessaires à l'existence se payaient deux
fois moins cher qu'aujourd'hui.

Ajoutez à cela que la loi ne s'est jamais mon-
trée favorable à l'extension du pouvoir des huissiers ; elle a plutôt cherché à leur enlever les
moyens de vivre et de gagner de l'argent qu'à
leur en procurer.

L'article 18 de la loi du 25 mai 1838 leur
refuse le droit de représenter leurs clients
devant les justices de paix et les tribunaux de
commerce.

En un mot, on a cherché à en faire des
parias !

III

Faut-il aller jusqu'à dire que tous les huissiers

---

(1) On fait souvent un crime aux huissiers de se faire
payer énormément cher. Il faut songer que plus des deux
tiers des frais qu'ils perçoivent s'en vont dans la caisse
des contributions indirectes.

se trouvent dans une situation lamentable? —
Non, évidemment; il y en a qui gagnent de
l'argent et même beaucoup trop d'argent, disent
certains grincheux. Et ce sont peut-être ceux-là
qui sont, en grande partie, la cause de la misère
de leurs confrères.

Tout le monde sait quelles sont. les fonctions
usuelles de l'huissier : il est l'*instrument de la
loi*, il exécute les décisions de la justice ; c'est
lui qui est aussi l'intermédiaire judiciaire entre
les plaideurs, qui porte le papier timbré de l'un
à l'autre, c'est le *facteur* judiciaire (je reviendrai
sur cette idée tout à l'heure).

Mais une des opérations les plus fréquentes et
les plus lucratives pour cet officier ministériel est
le *protêt* : c'est lui qui est chargé de constater le
refus de payement des débiteurs ; et à cette occa-
sion, il s'est produit ce fait que dans les grandes
villes l'huissier qui a su s'attirer la clientèle des
gros banquiers est celui dont l'étude est la plus
prospère.

Il se trouve appelé naturellement à signifier un
plus grand nombre d'actes que ses confrères ; il
fait *boule de neige*, et il s'engraisse au détriment de ces derniers qui sont condamnés à vé-
géter.

Telle est, à l'heure actuelle, la situation des
huissiers ; ils sont divisés en deux camps : les

uns tirent de gros bénéfices de l'usage de leur
monopole, gagnent de l'argent et sont une infime
minorité ; les autres représentent le *plus grand
nombre* et ont beaucoup de peine à joindre les
deux bouts.

Aussi, que de plaintes, que de récriminations
— souvent justifiées — dans le second camp !

« Les huissiers des grosses banques nous rui-
nent ! s'écrient les petits officiers ministériels.
Autrefois nous avions la *bourse commune* (1) qui
sauvegardait les intérêts des humbles !

« Aujourd'hui nous sommes opprimés par de
faux frères, par des huissiers capitalistes et accapareurs ! — Qu'on rétablisse la bourse commune (2). »

---

(1) Cette question de la *Bourse commune* a le don d'in-
téresser au plus haut point le monde actuel des huissiers.
Depuis leur origine jusqu'en 1822, les huissiers ont, en
effet, été constitués en *communauté réelle* ; ils versaient
dans une caisse commune les deux cinquièmes de leurs
honoraires et se les partageaient au bout d'un certain
temps. De cette façon, le gain de l'huissier se divisait en
deux parts : 1º ce qui était le fruit de son labeur personnel ; 2º le produit du travail de tous. A la longue, on crut
s'apercevoir que ce système favorisait les officiers pares-
seux au détriment de ceux qui étaient actifs et intelligents,
et on le supprima.

(2) Mᵉ Odet, huissier à Lyon, a publié dans la *Basoche*,

IV

Je ne suis certes pas de ceux qui reculeraient devant cette application pratique — du socialisme — qui transformerait la corporation des huissiers en une sorte de *phalanstère.*

Je pourrais peut-être objecter que si l'on a cru devoir abroger un pareil état de choses en 1822, c'est qu'on avait probablement d'excellentes raisons, mais je ne veux pas engager dans ce court travail une discussion qui m'entraînerait trop loin.

Il me suffira de dire :

Que reproche, en définitive, la multitude des petits huissiers à leurs gros confrères? D'avoir créé un monopole dans un monopole : *le monopole de l'encaissement et des protêts.*

Eh bien! nous, public, nous contribuables, nous ne voulons plus d'*aucun monopole.*

Nous pourrions résumer, je crois, les revendications des huissiers dans les trois formules suivantes :

1° Relèvement de leurs tarifs ;

---

un remarquable travail sur la *Réforme des huissiers* et le rétablissement de la *Bourse commune.*

2° Droit de représenter leurs clients en justice
de paix et devant les tribunaux de commerce ;

3° Rétablissement de la bourse commune.

Eh bien! je déclare que :

1° Le relèvement des tarifs est la négation
même de tous les principes de notre réforme.
Que voulons-nous, en effet? Diminuer les frais
de justice, et c'est au moment où nous prétendons
dégrever le justiciable que nous viendrions lui
dire : « Tu payeras ton huissier un tiers de plus
qu'auparavant ! »

2° Permettre aux huissiers de *postuler et de
plaider* devant certaines juridictions, mais n'est-
ce pas tout simplement créer une corporation
nouvelle avec un monopole et des privilèges
nouveaux?

Aussi, irons-nous beaucoup plus loin et per-
mettrons-nous à *M. Tout-le-Monde* de faire ce
que MM. les huissiers réclament : avocats, huissiers, ingénieurs, épiciers, rentiers pourront
postuler et plaider à l'envi !

3° Le rétablissement de la *bourse commune* est
une réforme inutile, puisque nous demandons la
suppression de l'huissier tel qu'il existe aujour-
d'hui et sa transformation en un *fonctionnaire
public* qui, sous le nom de COMMISSAIRE JUDI-
CIAIRE, sera chargé de procurer l'exécution des
décisions de justice.

V

Je demande la permission de faire une petite digression :

Notre organisation judiciaire est, comme je l'ai déjà dit, un ensemble touffu d'institutions qui nous viennent du droit romain, du moyen âge et de la monarchie. Tout s'est transformé ; les mœurs ne sont plus les mêmes ; les inventions modernes ont bouleversé le monde, et notre procédure est demeurée inébranlable. Elle ne se plie plus aux besoins du moment ; tant pis, notre routine est si bien enracinée qu'on la conserve tout de même. Et cela est si vrai qu'on n'a pas encore voulu introduire dans notre pratique judiciaire l'usage d'une institution admirablement appropriée pour y rendre des services : LA POSTE.

L'administration des postes, telle qu'elle est aujourd'hui organisée, peut rendre de puissants services à la procédure judiciaire.

Un esprit très modéré et peu suspect de visées révolutionnaires, *M. Martin-Feuillée* (1), dans un discours qu'il prononçait en 1883, à la

---

(1) Il était alors ministre de la justice.

première réunion de la *Commission de revision du code de procédure*, laissait entrevoir tous les résultats heureux que pourrait amener une pareille innovation.

N'est-il pas possible, en effet, de donner à l'administration des postes le pouvoir de *protester*, c'est-à-dire de faire constater les refus de paiement des débiteurs à l'aide de facteurs assermentés.

Et le système de la *lettre chargée* ne pourrait-il pas être avantageusement employé pour toutes les *assignations* et *significations*? Du reste, les conciliations se font actuellement devant les juges de paix sur un simple avis envoyé par la poste, et les parties ne s'en portent pas plus mal. Cela coûte *18 sous* au lieu de coûter *7 francs et quelques centimes*.

C'est pourquoi, il serait désirable de voir les greffiers des tribunaux devenir détenteurs d'une partie des fonctions des huissiers, sauf à donner à ces derniers une partie des attributions que nous enlevons aux avoués, en supprimant leurs charges (1).

_____

(1) Il y a un très grand nombre des fonctions de l'avoué que les huissiers pourraient remplir avantageusement : par exemple la *copie des pièces* que le premier clerc d'huis-

Je crois qu'il est difficile d'élever des objections à une proposition aussi raisonnable : il faut bien que la réorganisation judiciaire tienne compte et se serve des instruments que le progrès lui fournit.

VI

Je voudrais en finir avec les huissiers. Je les ai défendus de mon mieux, tout en étant persuadé que plus d'un m'en voudrait de cette défense : tant pis pour moi. J'ai la ferme conviction qu'aucun monopole judiciaire ne doit survivre à une refonte de notre législation et voilà pourquoi je dis énergiquement à cette honorable corpo-

---

sier venu peut aussi bien faire qu'un clerc d'avoué. Voici du reste un passage très curieux d'un discours de M. *Remoiville*, député de Seine-et-Oise, à la Chambre des députés (séance du 6 décembre 1884) : « Ce qu'il y a à supprimer, c'est ce qui encombre la procédure, c'est l'*avoué* (très bien, très bien, à gauche) .... mais à la condition de supprimer *la moitié des formalités inutiles* qui le rendent nécessaire et d'attribuer l'autre moitié aux avocats. » C'est absolument le système que nous préconisons tout en souhaitant de voir les huissiers, fonctionnaires publics, hériter de quelques-unes des missions de l'avoué.

ration : « Vous devez disparaître, précisément parce que vous êtes une nécessité sociale, parce que vous représentez un *service public.* » Les huissiers doivent être des instruments entre les mains du pouvoir exécutif : ils sont *fonction-naires-nés.* Je pose un principe et je n'ai pas à rechercher ici les éléments du règlement d'administration publique qui devra organiser ce nouveau rouage judiciaire.

Il ne faut pas non plus que MM. les huissiers me ripostent, en me soutenant qu'ils n'ont pas commis d'abus, qu'ils sont impeccables et que leur ministère n'a jamais donné lieu à des réclamations indignées du public. Je serais obligé de leur dire, à mon grand regret, que si je les ai justifiés de honteuses calomnies, dès le début de ce chapitre, je suis aussi bien forcé de reconnaître l'existence du vieux proverbe : « *Il n'y a pas de fumée sans feu.* »

Exerçant un monopole oppressif comme tous les monopoles, l'huissier se trouve dans la même situation que l'avoué.

Lorsqu'il achète une étude, souvent fort cher, il doit songer avant tout à la faire valoir. Pour cela il lui faut chercher des actes, il lui faut faire cette *boule de neige* dont je parlais plus haut, de façon à vendre un jour sa charge avec bénéfice. C'est donc cette situation même qui lui suggère

l'*âpreté au gain*. Il faut que cet homme gagne sa
vie : c'est de là que découle une source d'abus.

Pour ne citer qu'un exemple entre mille, je
puise dans la collection du journal *Paris*
(novembre 1882) l'histoire d'un billet de commerce d'une valeur de 180 francs, lequel, entre les
mains d'un huissier trop... habile, finit par coûter
au créancier poursuivant la somme de 285 francs
18 centimes de frais ! Dame, après tous les actes
que peut entraîner une pareille procédure !
(protêt, assignation, jugement, signification,
commandement, saisie, procès-verbal de ca-
rence, etc...).

Donc que l'huissier devienne fonctionnaire.
L'huissier n'est pas un homme, c'est un chiffre,
c'est une pure raison, une force aveugle ; il res-
semble un peu à la *fatalité antique*. Il a le devoir
d'être poli, mais, retenez-bien ceci, il n'a même
pas le droit d'être *bon*, sous peine de violer sa
consigne. Faites-en donc un *soldat* et personne
ne réclamera plus. Je suis certain que cette décla-
ration va faire jeter des cris d'horreur à mes
braves collaborateurs du journal *la Basoche*.

« Fonctionnaires ! vont-ils me dire ! vous voulez
faire de nous des fonctionnaires ? mais n'y a-t-il
pas déjà trop de fonctionnaires. Les fonctionnaires sont mal vus du public : vous allez nous
déconsidérer ! »

Allons donc ! et les receveurs d'enregistrement ! et les percepteurs ! ne sont-ils pas des
gens honorables et estimés ?

Les *commissaires judiciaires* prendront rang
dans la société à côté de ces fonctionnaires, et
ils seront certainement mieux vus que ces *Vimeux*
et que ces *Loyal* dont

« Les rides sur le front ont gravé les exploits ! »

VII

J'allais finir ce chapitre en oubliant MM. les
greffiers. Oh ! quant à ceux-là leur affaire est
claire. Il est même incroyable qu'on les ait laissés
subsister si longtemps *autonomes* et figurant au
tableau des gens qui exercent une profession
libérale.

Si jamais la vénalité des offices a dû être
abrogée, c'est assurément pour ceux-là !

Comment ! voilà des hommes qui reçoivent un
traitement de l'État et qui sont susceptibles en
même temps de recevoir des émoluments des
parties ! qui vendent en même temps que leur
charge le droit d'émarger au budget ! N'est-ce
pas scandaleux ?

Cette situation est si *cocasse* que les auteurs
ergotent depuis un temps infini pour savoir dans

quelle catégorie sociale on peut les ranger. Sont-
ils fonctionnaires? Sont-ils officiers ministériels ?
Nul ne le sait. Ni hommes, ni femmes : tous
greffiers.

Aussi la première réforme judiciaire ne ratera-
t-elle pas ces Messieurs, et elle en fera ce qu'ils
auraient toujours dû être : de simples employés
de l'Etat, avec traitement fixe.

A côté du greffier en chef et sous ses ordres
prennent place un certain nombre de commis-
greffiers assermentés qui reçoivent un traitement
de l'Etat. Les jours de ces parasites sont comptés.
M. *Camille Sabatier*, député, vient de faire renvoyer à la commission du budget, une proposition
de loi qui les supprime par voie d'extinction.

Il n'y aura même pas un *non*, dans l'urne, le
jour où cette loi sera soumise au vote.

Je n'insiste donc pas. On ne tue pas les morts.

CHAPITRE VIII

Les Tribunaux de commerce.— — *Notre idéal.*— *Justices de paix commerciales.* — *Qu'est-ce qu'un agréé?* — *Monologue d'un vieil avocat.* — *Le serpent et la lime.*— *Un abus oublié par la Révolution française.* — Laissez-les prendre un pied chez vous! — *Histoire de quatorze pupitres.* — *Les diplômes du tribunal de commerce.* —*Les agréés de Marseille.*— *Agréés-syndics.*— *Larmes de crocodile.*— *Un médecin qui hérite de ses malades.*— *L'article 447.* — *Oiseaux de proie.*— *Le mot et la chose.* — *Un peu de liberté, s. v. p.*

I

Le *tribunal de commerce* ne constitue pas précisément notre idéal. Mais c'est assurément l'institution judiciaire qui s'en rapproche le plus...

Aussi, me garderais-je bien de demander une refonte générale de notre *organisation consulaire.* Nous sentons trop le besoin d'une réforme radicale de notre justice civile, pour perdre notre temps à critiquer une institution qui fonctionne

6 ·

à peu près bien. Qu'on nous donne d'abord ce qui est urgent, nécessaire, indispensable : *le reste viendra par surcroît.*

Les juges commerciaux sont soumis à l'élection : notre principe est donc sauf. Mais il serait peut-être désirable de voir étendre le droit de suffrage qui me parait beaucoup trop restreint. Quoi qu'il en soit, les juridictions consulaires donnent d'assez bons résultats; elles expédient assez promptement les procès : le tribunal de commerce de Paris, pour ne citer que cet exemple, statue chaque année sur plus de 90,000 affaires.

Aussi notre réforme judiciaire n'atteindra pas les tribunaux de commerce qui sont constitués essentiellement d'après notre doctrine : on devra simplement leur appliquer certaines améliorations (1).

---

(1) Nous ne comprenons pas bien toutes les précautions dont la loi a entouré les élections consulaires. Elle fait renouveler les Tribunaux de commerce par moitié tous les deux ans. Elle rend les juges et présidents non rééligibles au bout de *quatre* ans de services (c'est à dire au moment où ils commencent à être rompus à leurs fonctions). Cette inéligibilité dure un an. Elle veut encore que le président soit pris parmi les juges, et que les juges aient été suppléants. Cet ensemble de restrictions empêche les électeurs de pouvoir nommer un tribunal homogène et doué d'une certaine unité de vues. Il leur est presque

Nous verrions particulièrement avec plaisir étendre la compétence des juges de paix aux petites affaires commerciales, à celles par exemple dont l'intérêt en litige ne dépasse pas la somme de *cent francs*. Mais ce n'est pas là un changement qui s'impose d'un façon immédiate et absolue. Nous avons d'autres chats à fouetter.

Le tribunal de commerce est entouré de deux corporations parasitaires dont je suis obligé de m'occuper ici et au sujet desquelles il est nécessaire d'entrer dans des détails plus complets : je veux parler des *agréés* et des *syndics de faillite*.

II

Qu'est-ce qu'un *agréé* ?

Au moment où je fis mes débuts dans le barreau, je partageais les illusions du *gros public* sur la corporation des agréés ; je croyais ferme-

---

impossible d'imposer à leurs élus un *programme pratique d'affaires*, et ils sont forcés de subir un tribunal de commerce composé d'éléments disparates. Cet état de choses a pour résultat de rendre les élections consulaires peu intéressantes aux yeux des commerçants : Nous les voyons s'abstenir en masse, et c'est à peine si ces scrutins réunissent, au moment du vote, le dixième des électeurs inscrits.

ment que ces messieurs étaient des ofliciers ministériels, à l'égal des avoués et des notaires, qu'ils jouissaient d'un privilège particulier, en un mot qu'ils constituaient une force judiciaire organisée.

Et comme je débitais une après-midi, dans la salle des Pas-Perdus, ces naïvetés, en présence d'un de ces vieux avocats qui sont encore assez respectueux des traditions pour se croire obligés d'encourager et de renseigner leurs jeunes confrères, je fus absolument stupéfait de l'entendre me tenir ce langage :

« Votre ignorance est certes bien excusable,
« mon jeune confrère ; ce n'est pas à l'Ecole de
« Droit que l'on renseigne sur la situation juri-
« dique des agréés. Ces gens-là ont tellement de
« toupet, ils se sont imposés avec une si grande
« audace que les manuels de procédure n'osent
« même plus contester leurs prétendus droits. Et
« pourtant, sachez-le bien, les agréés *n'existent*
« *pas*; non seulement leurs fonctions sont contraires
« à l'esprit et aux termes de la loi, mais encore on
« peut dire que les tribunaux de commerce com-
« mettent un excès de pouvoir en les accréditant
« auprès d'eux. Les agréés ont déclaré au Barreau
« une guerre impitoyable, sans merci, et notre
« corporation, qui semble si puissante, les re-
« doute et tremble devant leur mystérieux

« pouvoir. Il nous ont presque interdit l'accès
« du tribunal de commerce, et nous nous sommes
« inclinés devant cette défense ; bref, nous avons
« été vaincus par des agents d'affaires que nous
« chassons dédaigneusement de notre Ordre. C'est
« le serpent qui a rongé la lime. Tenez, un sou-
« venir judiciaire : il fut un temps où le tribunal
« de commerce de Paris était situé place de la
« Bourse, c'est-à-dire trop loin du Palais de
« Justice pour qu'il nous fût pratique de plaider
« habituellement les affaires commerciales. Nous
« regardions alors d'un œil jaloux ces hommes
« de loi sans investiture et sans diplôme qui trô-
« naient devant la juridiction consulaire, et nous
« nous disions : « Ah ! si le tribunal de commerce
« était moins éloigné du Palais, comme nous
« ferions bon marché de ces brasseurs d'affaires,
« et comme nous arriverions rapidement à les
« supplanter ! » Ah ! bien, oui ! On nous a bâti un
« tribunal de commerce à côté du Palais de
« Justice ; *ils* sont venus installer leur boutique
« en face de la nôtre et nous n'avons jamais osé
« traverser la rue. Plus arrogants que jamais, les
« agréés sont nos *maîtres* : mon ami, nous avons
« perdu la partie ! »

III

Ce petit discours fit sur moi une impression profonde. Il y avait de l'égoïsme, certes, dans le raisonnement de mon vieux confrère ; mais enfin c'était la protestation d'un monopole autorisé contre un autre monopole abusif et illégal. J'étudiai la question et je rencontrai des détails qui m'auraient paru drôles si, au fond, ils n'avaient été véritablement navrants.

Non, la corporation des agréés, n'a jamais existé légalement, *même sous l'ancien régime.* « La Révolution française a tout détruit, disait récemment un spirituel auteur, elle n'a laissé debout ni le Parlement, ni le Barreau, ni aucune institution judiciaire : mais elle s'est trouvée impuissante devant l'institution des agréés ! Pourquoi cela ? parce que les législateurs de 1793 ne pouvaient pas détruire *le néant.* Les agréés n'existant pas légalement, la loi ne pouvait les atteindre ! »

Cette organisation des agréés s'est donc créée silencieusement, par une suite d'abus ténébreux, autour des Tribunaux de commerce. D'abord tolérés, ces agents d'affaires d'un nouveau genre ont mis en action la fable de La Fontaine :

« Laissez-les prendre un pied chez vous,
« Ils en auront bientôt pris quatre. »

Ils se sont assuré la confiance des juges consulaires (d'où leur nom d'*agréés*) et sous le patronage ouvert de ces mêmes juges, ils ont peu à peu accaparé le droit presque exclusif de représenter les parties et de plaider devant les Tribunaux de commerce.

La façon dont ils ont éliminé les avocats à Paris, est tout à fait bizarre : ils se sont fait fabriquer *à la barre* 14 casiers (il y a à Paris 14 agréés) : et toutes les fois qu'un avocat venait plaider en déposant les pièces de son dossier sur un de ces casiers, ils avaient pris l'habitude de venir le déranger toutes les minutes pour ouvrir leurs mystérieux pupitres dans lesquels ils feignaient de prendre des paperasses. « Messieurs, commençait l'avocat, j'ai l'honneur de me présenter pour M. Untel, et de... — Pardon, mon cher maitre, interrompait l'agréé, j'ai un dossier à prendre dans ce pupitre ! » — Le malheureux avocat était obligé de mettre à ses pieds les pièces qui étaient nécessaires au développement de sa plaidorie et excédé, ennuyé, confus devant de pareilles vexations, il se jurait à lui-même de ne plus remettre les pieds dans cette galère ! (1)

_____

(1) On m'a récemment affirmé que devant les réclamations du public, le Tribunal de commerce aurait fait cesser

IV

Lorsque nous venons aujourd'hui demander purement et simplement la suppression des agréés, nous n'avons même pas le mérite de proposer une réforme : nous demandons seulement l'application de la loi actuelle.

Que veut en effet la loi ? Elle considère que les Tribunaux de commerce sont une juridiction familiale, elle veut que les parties viennent en personne expliquer leurs réclamations et elle entend supprimer, autant que possible, les *intermédiaires* devant cette juridiction.

L'article 627 du code de commerce est ainsi conçu :

« *Le ministère des avoués est interdit devant les Tribunaux de commerce* »...

— « *La Procédure devant les Tribunaux de « commerce se fait sans le ministère d'avoué*, dit « l'article 414 du code de Procédure civile. »

Et lorsque la loi vient en quelque sorte briser le monopole des avoués devant la juridiction

---

cet état de choses et qu'on aurait ajouté un *quinzième casier* réservé aux avocats. Après trente ans de scandale, ce n'est pas trop tôt !

consulaire, on s'empresse d'aller former immédiatement une *corporation illégale,* ne présentant ni
les mêmes qualités, ni les mêmes garanties ! Comment, le *Tribunal de commerce* s'arroge un droit,
qui n'appartient qu'à l'Etat ! Nous avons des
Facultés dans lesquelles on obtient des diplômes
de bachelier, de licencié et de docteur en droit
et les Tribunaux de commerce prendraient la liberté de créer les mêmes diplômes, ou tout au
moins de donner à une certaine catégorie de gens
une investiture équivalente ! Des individus qui
n'ont même pas leur certificat d'études primaires,
auraient la permission, de par la toute-puissance
des juges consulaires, de porter la *robe d'avocat,*
de violer journellement les dispositions du Code !

N'est-ce pas abominable? Et veuillez consi-
dérer qu'un pareil abus n'est même pas toléré par
la jurisprudence. La Cour de cassation s'est
maintes fois élevée contre ces incroyables infrac-
tions aux lois.

Un arrêt du 17 janvier 1842 a *déclaré que le
Tribunal de commerce de Marseille avait com-
mis un excès de pouvoir en créant des agréés.*
Depuis cette époque, il n'y a plus *d'agréés* à
Marseillle, on n'a pas osé en accréditer *un seul*
et ce sont les *avocats* qui plaident à leur place. (1)

---

(1) On peut citer encore les arrêts du 12 juillet 1847, du

Seulement, cela n'empêche pas qu'à Paris 800 avocats (sur lesquels 700 végètent) aient à se partager *15.000 affaires civiles*, tandis que *quatorze* agréés empochent des bénéfices énormes en se partageant *90.000 affaires* commerciales. (1)

L'institution des agréés est un *scandale public* : elle doit disparaître, elle disparaîtra.

V

Je ne voudrais pas aborder la question des *syndics de faillites*, sans dénoncer en même temps une monstruosité qui existe dans plusieurs villes de province ; je veux parler du droit qu'on donne aux agréés d'être en même temps syndics de faillites. Il est facile de montrer en quoi consiste l'abus :

Supposons un commerçant qui fait de mauvaises affaires et dont la faillite est à la veille d'être déclarée. Que va faire ce malheureux ? Il ira trouver l'agréé — qui est le représentant ordi-

---

25 juin 1850 (supprimant les agréés à Alger), du 16 mars 1852.

(1) On dit que certaines charges d'*agréé*, à Paris, se sont vendues plus d'un·*million*.

naire des commerçants devant le Tribunal, il ira
le trouver avec d'autant plus de confiance qu'il
se dira : « Cet homme est *agréé* — et par conséquent *agréable* au Tribunal : il a tout ce qu'il
faut pour m'attirer la sympathie des juges. »

C'est donc *l'agréé* qui aura pour mission de
supplier les magistrats d'avoir pitié de son client,
c'est à lui que reviendra la tâche pénible mais
sacrée d'éviter à l'infortuné négociant le déshon-
neur de la faillite.

Eh bien ! si, dans le cours de sa plaidoirie
émue, l'agréé vient à verser quelques pleurs, je
puis affirmer que ce seront là des larmes de crocodile !

En effet, il faut bien le dire, en allant trouver
pour le défendre devant la juridiction commer-
ciale *son futur syndic de faillite*, le commerçant s'est adressé à l'homme qui est le plus
directement intéressé à sa perte.

« *L'agréé-syndic*, a dit un écrivain judiciaire,
*c'est un médecin intéressé à voir mourir son ma-
lade le plus tôt possible.* » N'a-t-il pas les motifs
les plus sérieux de provoquer une faillite qui lui
procurera de beaux bénéfices ?

Que peut donc faire cet homme de loi pris
ainsi entre sa conscience et sa bourse ? — Je
ne veux pas répondre à cette question délicate —
et je me contenterai, ami lecteur, de vous deman-

der : « Que feriez-vous, si dans une maladie grave, on venait vous proposer comme médecin un héritier direct avec lequel vous n'auriez aucune relation ni de parenté ni d'amitié ? »

Vous l'enverriez promener, n'est-ce pas ? Eh bien ! nous demandons pour les commerçants la permission d'envoyer promener leurs agréés-syndics !

VI

Le vote de la nouvelle loi sur les faillites n'est peut-être en ce moment qu'une question de quelques semaines. On va nous accuser peut-être de critiquer ce qui n'existe pas encore, ce qui n'a pu encore être mis à l'épreuve de la pratique. Soit ! Mais il importe pourtant que la vérité soit dite au sujet de cette nouvelle loi.

Elle est excellente dans beaucoup de points. Elle aura pour premier résultat de faire cesser les iniquités révoltantes de notre vieille loi de 1838. C'est déjà joli. Grâce à elle, le commerçant malheureux, et seulement malheureux, ne sera pas déshonoré comme un vulgaire escroc. Elle distingue habilement la *liquidation judiciaire* de la *faillite proprement dite*. Elle empêchera certainement plus d'un pauvre diable de se faire ruiner par les usuriers et les agents d'affaires véreuses; elle évitera plus d'un suicide : je la salue donc comme un progrès indéniable !

Mais que de lacunes ! Que d'imperfections !

Quand on pense que cette loi faite, revue et corrigée par les premiers praticiens de notre époque, soumise aux Tribunaux de commerce et à nos plus savants magistrats, n'a pas fixé définitivement la délicate question du *rapport* (1) !

Il est aussi incompréhensible que cette loi n'ait

---

(1) L'article 447 du *Code de commerce* indique que les paiements faits par le *failli* après la cessation de ses paiements et avant le jugement déclaratif *pourront être annulés*. Or, voici comment MM. les agréés syndics font interpréter cette clause de la loi : Ils se font délivrer par le receveur de l'enregistrement un état de tous les protêts qui ont été dressés contre le failli, avant sa mise en faillite, et aussitôt qu'ils connaissent de cette façon le *premier protêt*, ils *font annuler* par le Tribunal tous les paiements faits aux différents créanciers depuis cette époque. De cette façon, ces malheureux sont obligés de rapporter à la faillite des sommes qu'ils ont légitimement perçues. Cette opération est absolument contraire à l'esprit de la loi : La loi, en effet, dans l'article 447, a voulu simplement faire annuler les *paiements frauduleux* faits par le failli. Il est regrettable que la nouvelle loi sur les faillites n'ait pas réglé une fois pour toutes cette question-là. (Voir un excellent travail publié à ce sujet dans la *Basoche*, par mon ancien confrère à la Cour d'appel de Paris, Me Louis Vial, janvier, février et mars 1886.)

pas détruit à tout jamais le monopole des syndics
de faillite.

Je constate que le mot *syndic* n'est pas écrit
une seule fois dans la nouvelle organisation des
faillites. Mais que m'importe la suppression du
mot, si la chose reste? Nos législateurs se con-
tentent en effet de transformer ces *oiseaux de
proie* en *liquidateurs* et *administrateurs judiciaires*.

Cela indique bien que les syndics de faillites
sont si impopulaires, si détestés, si couverts
d'ignominie, qu'on n'a pas osé leur conserver
leur *ancien nom* ; mais cela ne supprime pas la
corporation.

Que reproche-t-on aux syndics? De ne s'appliquer qu'à une chose : à s'engraisser le plus possible avec les débris de la fortune du failli ; de se
moquer agréablement et du failli et de ses créanciers ; de faire traîner les faillites pendant des
années sans solution ; enfin, de ne s'occuper que
des grosses faillites en laissant les petites se
débrouiller toutes seules.

Il n'y avait qu'un moyen d'empêcher tous ces
abus : c'était de laisser les créanciers choisir
d'eux-mêmes l'homme qu'ils jugeraient capable
de mener à bien les opérations de la faillite.

On s'en est bien gardé ; on laisse imposer aux
créanciers, par le Tribunal de commerce, un

syndic..., pardon un administrateur provisoire, et chacun sait que l'administrateur provisoire ainsi désigné par le Tribunal, reste toujours le syn..... pardon, l'administrateur définitif.

Avec votre nouvelle loi, le monopole d'une corporation privilégiée subsiste toujours. La vraie réforme consistait à laisser les créanciers libres d'élire le représentant — même provisoire — de leurs intérêts. Ils auraient pris un avocat, un notaire, un avoué, un agent d'affaires ou un maçon : peu nous chaut !

Toutes les fois que l'on opprime la liberté naturelle, on commet en même temps une injustice et une bêtise !

En laissant à l'arbitraire des Tribunaux de commerce la nomination des syndics et la fixation de leurs honoraires, la nouvelle loi n'a fait que retomber dans les mêmes errements.....

Vous aurez beau faire surveiller les opérations du syndic par un *créancier-contrôleur*, exiger dans un bref délai le versement à la *Caisse des consignations* des sommes perçues par l'*administrateur*, vous n'en aurez pas moins conservé, en pleine démocratie, un monopole qui est la suprême négation de toute liberté.

CHAPITRE IX

Les Conseils de préfecture. — *Les réformes*
prématurées *de M.* Tirard. — *M. le duc* de
Broglie, *révolutionnaire.* — *M.* Fallières,
conservateur. — *Qu'est-ce qu'un préfet ?* —
Le cotillon *de Mme la Préfète.* — *Un raisonnement de Napoléon.* — *L'État juge et partie.* —
Une amende de 3,000 francs. — *Les ombres
du* Dante. — *Supprimons tout.*

I

Je ne voudrais pas, autant que possible, tou-
cher dans cet opuscule aux questions d'ordre
purement politique. Je suis de ceux qui croient
que la *réforme judiciaire* pourrait être défendue
par tous les partis, au moins par tous ceux qui
ont pour base l'application du suffrage universel.
Malheureusement nous sommes loin d'en être là :
nos principes n'ont été guère inscrits jusqu'à
présent que dans les programmes *radicaux*, et
toute cette classe de politiciens — que nous
avons si improprement qualifiés du nom d'*opportunistes*, — s'est élevée avec violence contre les

plus anodines de nos propositions. Je suis donc bien obligé de batailler un peu contre cette nouvelle espèce de *conservateurs*.

Nous connaissons à fond leur raisonnement ; toutes les fois que nous leur parlons de donner un coup de hache à notre édifice d'institutions monarchiques, ils s'écrient en tremblant : « Prenez garde, cette réforme n'est pas mûre, il faut encore attendre ! » Et ils nous ont si bien fait attendre qu'à part une bonne loi sur l'*enseignement*, la République, depuis dix-huit années, ne nous a encore fait acquérir aucun progrès sérieusement démocratique.

Dernièrement, au sein de je ne sais plus quelle commission parlementaire, quelqu'un proposait bien timidement une toute petite réforme touchant *l'impôt des successions* (1). — « Je vous en prie, ne faites pas cela, sanglota désespérément M. *Tirard*, le ministre des finances, c'est une réforme *prématurée !* » — Or, cette réforme prématurée avait déjà été proposée *sous Charles X, en pleine Chambre des Pairs*, où elle avait failli être admise !

Nous pourrions assimiler à cette réforme-là

---

(1) Il s'agissait de *déduire les dettes* du défunt de l'ensemble des biens successoraux sur lesquels le fisc réclame des droits.

7

la question de la suppression des *Conseils de préfecture* qui date, pour le moins, d'aussi loin.

C'est, en effet, en *novembre 1828*, dans un article de la célèbre *Revue française*, qu'il faut aller chercher la première charge à fond que l'on ait dirigée contre cette absurde institution.

De qui émanait cette critique ? De M. le duc *de Broglie !*

Et nos opportunistes se mettent à grogner quand on leur parle de supprimer cette organisation judiciaire qui est certainement le plus affreux débris de tout l'attirail autoritaire du premier empire !

II

Je sais bien que l'année dernière, *M. Fallières*, alors Ministre de l'intérieur, a déposé la proposition d'une jolie petite loi sur la réorganisation des *Conseils de préfecture*.

Mais, hâtons-nous de dire que le député de Nérac a trouvé M. de Broglie trop révolutionnaire, et qu'il se contente de supprimer un certain nombre de tribunaux administratifs : son audace ne va pas plus loin.

Il nous promet une petite économie de quelques centaines de mille francs ; en revanche, il éloigne le justiciable de sa juridiction, et il laisse la jus-

tice administrative entre les mains de gens qui
sont employés de l'État et révocables à merci (1).

— Je n'ai pas pour mission de faire ici un cours
de droit administratif. Je me contente de rappeler
brièvement les attributions des Conseils de préfecture :

1° Ils sont *tuteurs des communes*, c'est-à-dire
qu'ils autorisent les communes à plaider. Je suis
trop partisan des libertés communales pour
admettre une tutelle quelconque de l'État sur les
municipalités ; mais enfin, cette question n'est
pas en jeu. Il me suffira de dire que le *Conseil
général* est bien mieux placé pour jouer ce rôle
que le Conseil de préfecture.

2° Ils sont *conseils du préfet.*

Arrêtons-nous ici.

---

(1) Voici la *quintessence* du projet Fallières : Les
Conseils de préfecture seront composés, pour les circonscriptions ayant plus de 15,000 affaires par an, d'un
président, de quatre conseillers et d'un commissaire du
gouvernement ; pour les autres circonscriptions de trois
conseillers seulement. Les tribunaux administratifs seront
réduits de 86 à 22. Autant que possible, ces 22 conseils
seront installés à des chefs-lieux de Cour d'appel. Le
projet élève encore le traitement des conseillers. L'économie devant résulter de cette réforme est estimée officiel-
lement à 300,000 francs !

— Qu'est-ce qu'un *préfet*? C'est un monsieur qui jouit d'une foule de pouvoirs excessivement complexes, qui est à la fois le représentant du département et de l'État, c'est-à-dire du chien et du chat ; c'est, en tout cas, un très haut fonctionnaire, généralement âgé d'au moins quarante ans, jouissant d'un très grand prestige, et devant lequel doivent s'aplatir tous les fonctionnaires de l'administration départementale.

— Qu'est-ce qu'un *conseiller de préfecture?* C'est, toujours généralement, un jeune *blanc-bec*, sortant à peine de l'École de droit, dont les plus hautes aspirations consistent à mener le cotillon aux bals de madame la Préfète. C'est, disons-le franchement, le très humble serviteur, le valet d'antichambre de M. le Préfet, DUQUEL SON AVANCEMENT DÉPEND. Et c'est cet homme-là qui est chargé de critiquer en *Conseil de préfecture*, les actes du préfet, de son *supérieur hiérarchique* pour lequel il n'a pas assez de courbettes et assez de complaisances! Tout commentaire serait superflu et je passe.

3° Aux attributions contentieuses du Conseil de préfecture.

III

Ici, nous tombons en plein dans le grand vice

du système. En établissant les Conseils de préfecture, voici à peu près le raisonnement que s'était tenu Napoléon Ier : « J'ai besoin pour statuer sur toutes les difficultés qui pourraient s'élever entre un particulier et l'État, d'un tribunal qui soit obligé de donner toujours raison à l'État et toujours tort au particulier. »

Il faut avouer que s'il a eu pour but de réaliser ce désir en organisant les Conseils de préfecture, il a exécuté là un véritable chef-d'œuvre.

Jamais le despotisme n'a créé un aussi bel instrument de dictature.

Le conseil de Préfecture en tant que tribunal administratif est appelé :

A statuer sur les réclamations des particuliers en ce qui touche les contributions directes (1).

Ces sortes de décisions composent en grande partie toutes les attributions contentieuses du Conseil, puisque, d'après le témoignage d'un

---

(1) Ces réclamations peuvent être cataloguées de la façon suivante : 1o Demandes en décharge ou en réduction d'impôt ; 2o Demandes de réintégration au rôle ; 3o Demandes de mutation de cote ; 4o Réclamations touchant le cadastre ; 5o Demandes collectives des percepteurs pour la décharge des cotes induement imposées.

auteur compétent (1), elles forment les *98 cen-
tièmes* de leurs occupations.

Et leur travail se borne le plus souvent *à rati-
fier les enquêtes préparatoires faites sur les
réclamations par les agents de l'Etat.*

Par conséquent, il ressort bien de cette expli-
cation que le contribuable réclamant contre
l'Etat est à la merci de juges qui ne sont autres
que les humbles valets du pouvoir exécutif, et que
le gouvernement peut *révoquer* du jour au lendemain.

Quelle garantie pour le réclamant!

Là ne se borne pas la compétence des Conseils de préfecture : ce sont encore eux qui sont
chargés d'interpréter les clauses des marchés
passés entre l'*administration* et les *entrepreneurs
de travaux publics;* de régler les indemnités qui
sont dues aux particuliers à raison des terrains
qui leur sont pris ou fouillés pour la confection
des ouvrages publics; d'examiner les torts et
dommages provenant du fait personnel des entrepreneurs.

Ainsi, en pleine démocratie, nous sommes
encore forcés de signaler d'aussi scandaleux

---

(1) Les *Conseils de préfecture* et la *Réforme administrative*, par M. *Crémieux*, avocat, ancien magistrat.

abus : l'Etat est *juge* et *partie*; il existe à côté
des tribunaux civils d'autres juridictions com-
posées de fonctionnaires du gouvernement, éma-
nant directement du pouvoir exécutif et uniquement chargés de régler les conflits qui peuvent
s'élever entre l'Etat et les particuliers.

On se demande, en vérité, comment une pareille situation peut être maintenue et soutenue
par des individus qui se disent républicains et
qui se réclament des principes de 1789.

Le *Conseil de préfecture* est la négation même
de l'œuvre révolutionnaire; son existence est la
contre-partie formelle du fameux principe de la
division des trois pouvoirs : exécutif, législatif et
judiciaire.

L'Etat est une personne morale qui ne doit
avoir devant la justice, d'autre protection que
celle accordée à tous les justiciables. La Révolution a proclamé l'égalité des citoyens devant
la loi : il faut que la troisième république pro-
clame l'égalité *de l'Etat et des citoyens* devant la
justice.

Plus de tribunaux d'exception !

*Les Tribunaux civils doivent être seuls com-
pétents pour juger tous les procès, quelles que
soient les parties en cause.*

IV

On est stupéfait quand on pense que les Conseillers de préfecture ont une *compétence pénale* et qu'ils sont appelés à prononcer les peines édictées par les lois et règlements pour les contraventions de grande voirie et pour les contraventions à la police du roulage.

Ils peuvent — en vertu de lois non abolies et remontant pour la plupart avant 1789 — prononcer, dans certains cas, des amendes qui sont susceptibles de s'élever à *3.000 francs !*

Ils font concurrence aux Tribunaux de simple police et aux Tribunaux correctionnels ! N'est-ce pas dérisoire ? Nous espérons que la prochaine législature ne laissera pas debout cette institution napoléonienne et qu'elle en fera *table rase :* c'est là une de ces réformes au sujet desquelles il ne sera nullement difficile de rassembler une majorité. Un peu de patience et dans deux ans, il ne sera même plus question de ces conseillers de préfecture « *ombres silencieuses, pareilles à celles* « *dont parle le Dante,* parcourant les corridors « administratifs, devant qui les dossiers se fer- « ment, et dont toutes les fonctions consistent à « statuer cinq ou six fois l'an sur les différends

« soumis à leur juridiction et à accompagner le
« Préfet dans ses tournées de revision. » (1)

Inutile d'ajouter que le *Conseil d'Etat* — en tant que Tribunal contentieux — et Cour d'appel en dernier ressort des affaires administratives, est appelé lui aussi à disparaître.

Et, bien entendu, par les mêmes raisons (2).

---

(1) *Crémieux*, ouvrage cité.

(2) Il serait possible, toutefois, de confier au Conseil d'État, la compétence que le Conseil de préfecture possède en matière électorale. Et encore, serait-ce là une réforme bien démocratique?

CONCLUSION

I

On pourra nous reprocher de n'avoir fait qu'effleurer dans cet ouvrage un grand nombre de questions intéressantes et touchant à la *Réforme judiciaire*.

Nous avons déjà répondu à cette objection possible dans notre préface, en disant que nous n'avions pas la prétention de présenter ce petit livre comme une œuvre didactique. Aussi avons-nous laissé de côté tout ce qui concerne la *réforme de la procédure* et la *refonte de notre législation civile*, pour ne nous attacher qu'à la *réorganisation judiciaire*.

Le parlement est saisi en ce moment d'une foule de projets tendant à détruire ou corriger certains articles du Code civil, à reviser le Code pénal, à bouleverser le Code de procédure civile, etc. (1)

---

(1) Nous pourrions citer : la proposition de revision du

Nous n'avons voulu aborder, dans cet ouvrage, que la question du *personnel judiciaire :* c'est la réforme que nous jugeons fondamentale.

Nous demandons, d'une part, des *juges élus.*

D'autre part, nous voulons la suppression de *tous les parasites judiciaires.*

II

On nous objectera peut-être encore que nous n'avons présenté que peu de mesures permettant de réduire le papier timbré et les frais d'enregistrement.

C'est que nous serions absolument sortis de notre cadre. La question de la diminution des frais de justice est intimement liée à celle de l'impôt. L'enregistrement et le timbre judiciaires

Code pénal, faite par M. Sarrien, en 1887 ; la proposition de loi tendant à diminuer les frais dans les ventes d'immeubles appartenant à des mineurs; la proposition de M. Sabatier tendant à organiser des audiences *foraines* des juges d'arrondissement ; proposition du même tendant à supprimer les *Chambres de mise en accusation* ; proposition de M. *Gomot* ayant pour but d'exempter certains actes de la formalité du timbre ; proposition de M. Ernest Lefèvre tendant à donner aux femmes l'usage de certains droits civils qui leur sont actuellement refusés, etc., etc.

rapportent à l'Etat annuellement *sept cents millions*, c'est-à-dire environ LE QUART DU BUDGET TOTAL DES RECETTES.

Comment remplacer cette branche de nos revenus ?

Nous laissons aux écrivains financiers le soin de trancher cette importante question.

Nous nous contentons de dire :

La *Réforme judiciaire* que nous soutenons présente une économie sérieuse; elle supprime un très grand nombre de juges; elle réduit dans une proportion considérable les dépenses des justiciables (1).

Voilà pourquoi nous la jugeons *pratique* et immédiatement applicable.

Au moment où notre dette publique est écrasante, au moment surtout où notre situation financière est assez embrouillée pour qu'en pleine Chambre des députés, deux orateurs compétents aient pu différer de *12 milliards* dans leur esti-

_____

(1) Le projet de M. Pally supprime un inconvénient très sérieux des coutumes judiciaires actuelles. Il préconise la perception *en débet* des droits de timbre et d'enregistrement de tous les actes de procédure, sauf recours de l'Administration contre la partie condamnée aux dépens. De cette façon, le plaideur pauvre n'aura plus besoin d'avancer une grosse somme pour se faire rendre justice.

mation de nos charges nationales (1), il convient de rechercher toutes les économies possibles : notre plan de réorganisation judiciaire rentre parfaitement dans cet ordre d'idées.

En résumé *simplification* et *économie* : voilà les résultantes de la réforme que nous proposons.

---

(1) Séance du 6 février 1888. M. Camille Pelletan ayant fixé approximativement le chiffre de la dette française à *20 milliards*, a été interrompu par M. Gaillard, député de Vaucluse, qui a prétendu que le chiffre réel était de *32 milliards !*

FIN.

TABLE DES MATIÈRES

Pages.

Préface 3

Chapitre I. — Le mal judiciaire.................... 5

— II. — — 13

— III. — Les Juges................ 24

— IV. — — 31

— V. — La réforme correctionnelle et criminelle. 40

— VI. — Les Avocats et les Avoués........... 52

— VII. — Huissiers et Greffiers.............. 64

— VIII. — Les Tribunaux de commerce.......... 81

— IX. — Les Conseils de préfecture 96

Conclusion 105

Le Mans. — Imp. A. Drouin, 5, rue du Porc-Epic.